FACULTÉ DE DROIT DE MONTPELLIER

DE LA COMPÉTENCE

DES

JUGES DE PAIX

D'APRÈS

LES LOIS POSTÉRIEURES A 1838

THÈSE POUR LE DOCTORAT

Présentée et soutenue le samedi 31 juillet 1897

PAR

C. TRANCHAND

MONTPELLIER

IMPRIMERIE SERRE ET ROUMÉGOUS, RUE VIEILLE-INTENDANCE, 5

1897

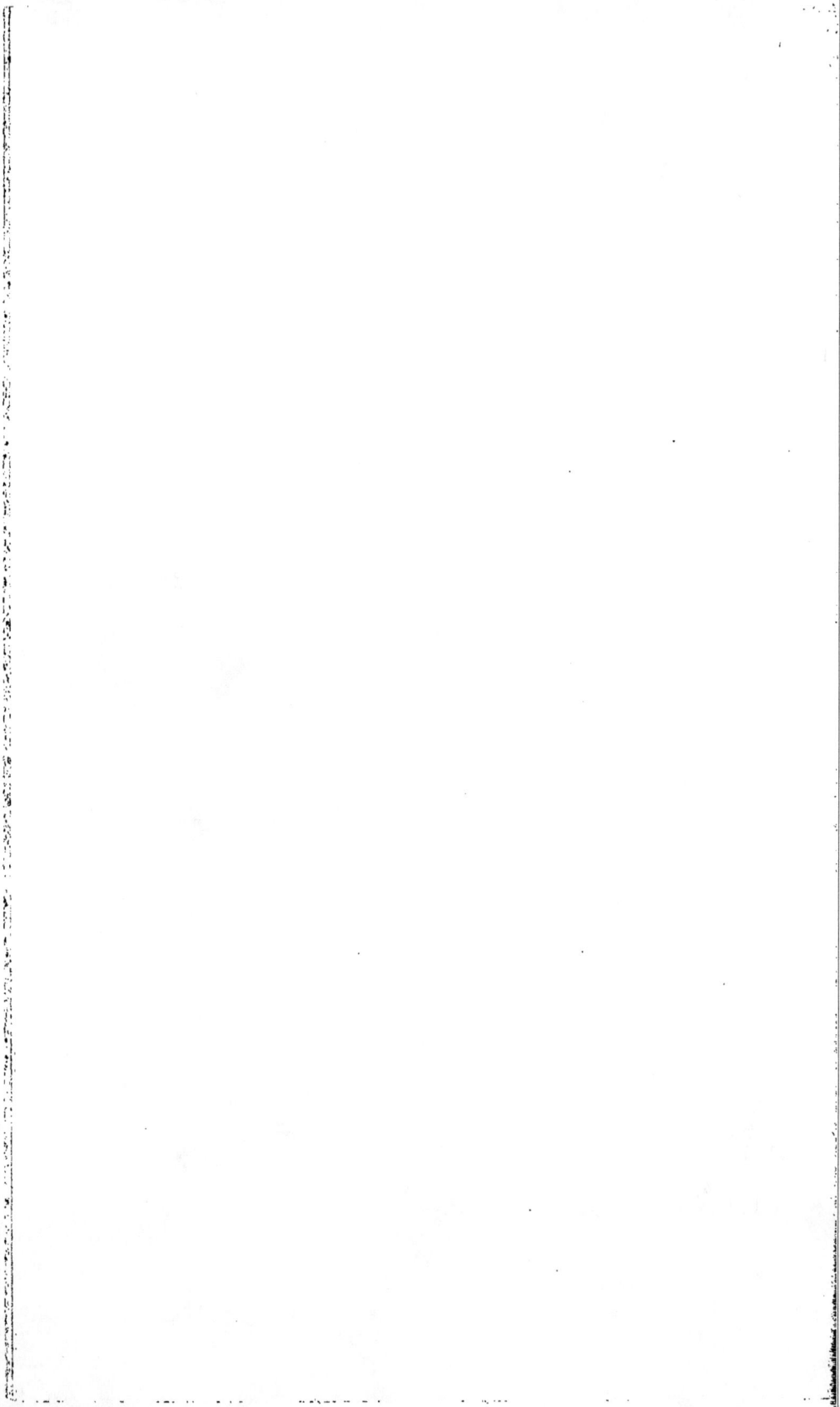

THÈSE

POUR

LE DOCTORAT EN DROIT

UNIVERSITÉ DE MONTPELLIER

FACULTÉ DE DROIT

MM. VIGIÉ, Doyen, Professeur de Droit civil, chargé du cours d'Enregistrement.

VALABRÈGUE, Assesseur, Professeur de Droit commercial.

BRÉMOND, Professeur de Droit administratif.

GIDE, Professeur d'Économie politique.

LAURENS, Professeur de Droit civil, chargé du cours de Législation notariale.

GLAIZE, Professeur de Procédure civile, chargé des cours des Voies d'exécution et de Législation financière.

LABORDE, Professeur de Droit criminel, chargé du cours de Législation et Économie industrielles.

CHARMONT, Professeur de Droit civil, chargé du cours de Droit civil dans ses rapports avec le Notariat.

CHAUSSE, Professeur de Droit romain, chargé du cours de Pandectes.

MEYNIAL, Professeur d'Histoire du Droit.

BARDE, Professeur de Droit constitutionnel.

VALÉRY, Agrégé, chargé des cours de Droit international public et de Droit international privé.

DECLAREUIL, Agrégé, chargé du cours de Droit romain et du cours d'Histoire du Droit public français.

BROUILHET, chargé d'un cours d'Économie politique.

GIRAUD, Secrétaire.

MEMBRES DU JURY :

MM. BARDE, Professeur, *Président.*
GLAIZE, Professeur.
CHARMONT, Professeur.

DE LA COMPÉTENCE

DES

JUGES DE PAIX

D'APRÈS

LES LOIS POSTÉRIEURES A 1838

THÈSE POUR LE DOCTORAT

Présentée et soutenue le samedi 31 juillet 1897

PAR

C. TRANCHAND

MONTPELLIER

IMPRIMERIE SERRE ET ROUMÉGOUS, RUE VIEILLE-INTENDANCE, 5

—

1897

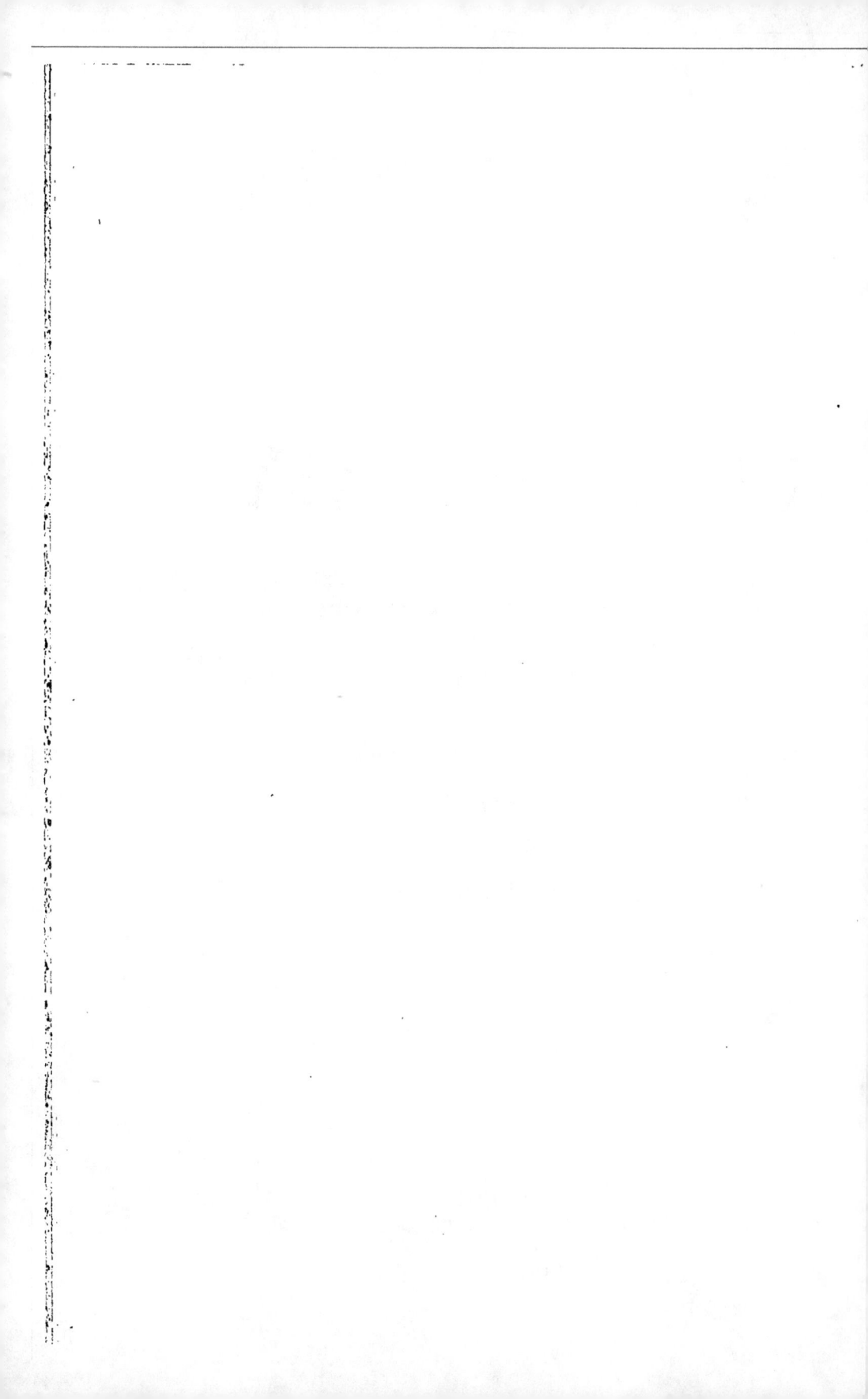

À

MA FEMME

A

MES PARENTS ET A MES AMIS

C. TRANCHAND.

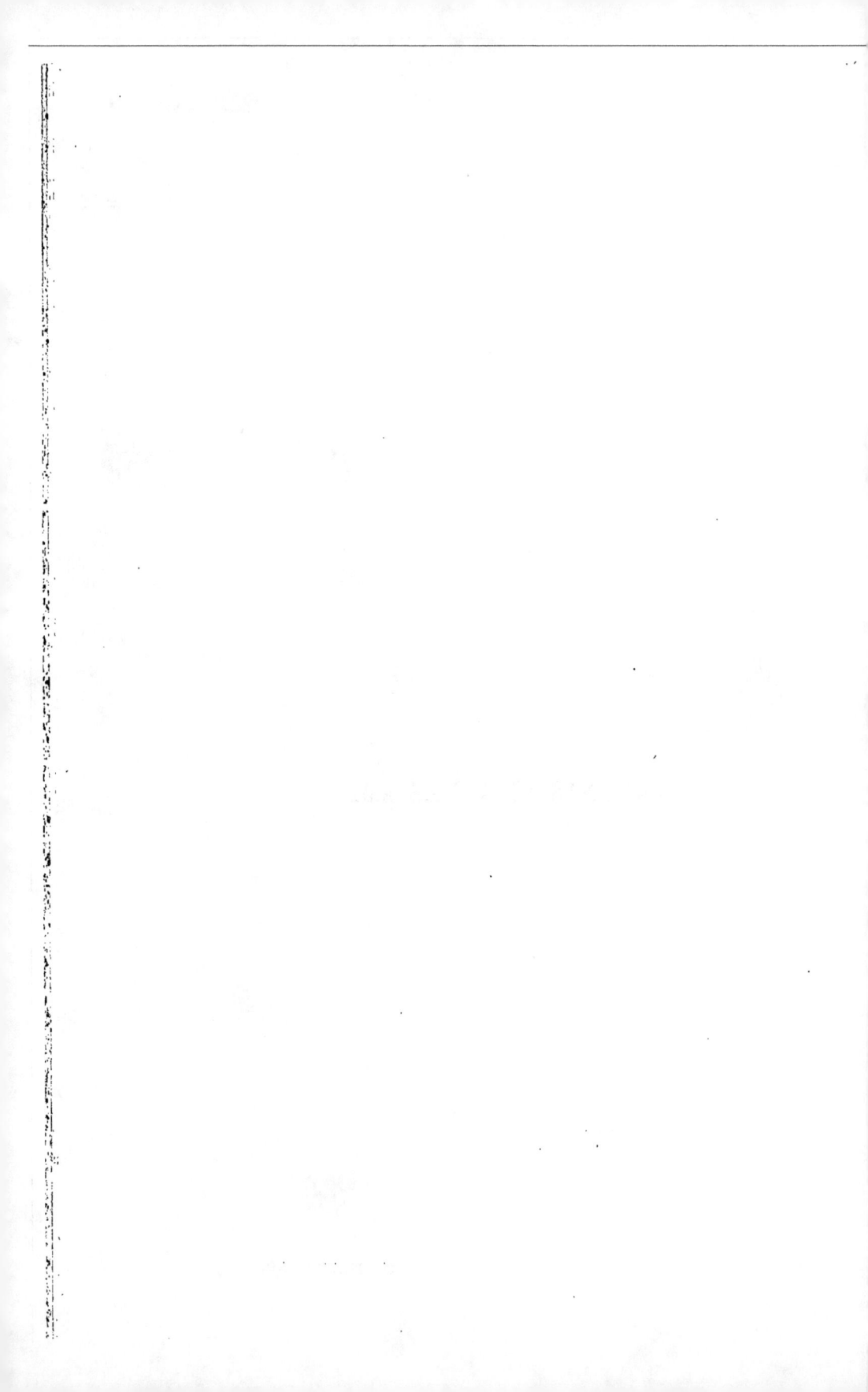

INTRODUCTION

Certains auteurs font remonter l'origine des juges de paix au *Centenarius* qui jugeait les petites affaires chez les Francs, et même aux *Defensores Civitatum* du Bas-Empire.

Lorsqu'après la nuit du 4 août, l'Assemblée Constituante voulut reconstituer notre organisation judiciaire et la mettre en harmonie avec les principes nouveaux, les anciennes justices de village, détestées et condamnées depuis longtemps déjà, ne lui offrirent rien à conserver. A leur place, elle créa, sur des bases entièrement nouvelles, les justices de paix par le décret des 16-24 août 1790.

« Représentez-vous, disait Thouret, un magistrat qui ne pense, qui n'existe que pour ses concitoyens. Les mineurs, les absents, les interdits sont l'objet particulier de ses sollicitudes. C'est un père au milieu de ses enfants. Il dit un mot, et les injures se réparent, les divisions s'éteignent, les plaintes cessent ; ses soins constants assurent le bonheur de tous. »

Cette institution fut acceptée avec enthousiasme. Et tandis que la justice était confiée à des hommes de loi dont plusieurs ignoraient les premiers éléments du Droit, on vit plusieurs sommités du barreau briguer avec un noble désintéressement les modestes fonctions d'assesseurs de la justice de paix.

Le décret des 16-24 août créa les juges cantonaux pour juger les petits procès, concilier les autres, remplir simplement et à peu de frais les attributions qui conviennent à un magistrat facile à aborder, prompt à juger, rapproché des plaideurs et personnellement connu d'eux. Cette juridiction présente trois caractères principaux :

1° Le juge de paix est un juge d'exception. Comme lui, les prud'hommes et les juges du tribunal de commerce ne connaissent que des affaires spécialement déterminées par la loi.

2° Seul, de tous les magistrats de France, le juge de paix a le droit de juger en équité, et sans s'attacher au texte de la loi, les procès de sa compétence en dernier ressort. L'art. 15 de la loi du 25 mai 1838 dit en effet : «Les jugements rendus par les juges de paix ne pourront être attaqués par la voie du recours en cassation que pour excès de pouvoir.» Et Thouret, en présentant à l'Assemblée Nationale le projet de loi sur les justices de paix, s'écriait :

«Il faut que tout homme de bien, pour peu qu'il ait d'expérience et d'usage, puisse être juge de paix..... La compétence de ces juges doit être bornée aux choses de convention très simple et de la plus petite valeur, et aux choses de fait qui ne peuvent être jugées que par l'homme des champs, qui vérifie sur le lieu même l'objet du litige, trouve dans son expérience des règles de décision plus sûres que la science des formes et des lois n'en peut fournir aux tribunaux.»

3° Le juge de paix joue le rôle de conciliateur même dans les procès où il siège comme juge. A ce titre, il a le pouvoir de concilier les plaideurs en instance devant lui et d'en dresser procès-verbal authentique ; en outre, si les parties consentent à le saisir d'un procès pour lequel il est incompétent, *ratione personæ*, il doit statuer sur leur différend.

Quelques membres de l'Assemblée Constituante ne voulaient

accorder aux juges de paix que le rôle de conciliateur. Prugnon, député de Nancy, disait, en effet: «Rendre la justice n'est que la seconde dette de la société. Empêcher les procès, c'est la première. Il faut que la société dise aux parties : Pour arriver au temple de la Justice, passez par celui de la Concorde.»

Et Pétion : « Je soutiens que les juges de paix qu'on vous offre sont des juges contentieux, tandis qu'ils ne devraient être que des juges arbitres et conciliateurs. »

Thouret, cependant, n'était pas de cet avis : « S'ils n'étaient que médiateurs, disait-il, ils deviendraient bientôt inutiles ; tous leurs efforts n'arrêteraient pas les plaideurs. Votre comité vous propose donc de réunir en eux le double caractère de médiateurs et de juges. »

Pour être médiateur, il faut avoir de l'autorité, et ce n'est pas seulement le caractère, mais la fonction qui la donne ; le conciliateur doit être aussi juge.

Le législateur ne s'est pas écarté de la voie tracée par Thouret. En étendant le rôle du juge, il a aussi étendu celui de l'arbitre. Nous verrons dans l'étude des lois postérieures à 1838 les deux attributions grandir parallèlement sans se confondre.

Dans les villes, l'esprit de chicane a fait dégénérer la tentative de conciliation en pure formalité. Dans les campagnes, elle n'a pas cessé de produire de bons résultats. En augmentant leur compétence, les affaires soumises à la conciliation sont devenues plus nombreuses.

En 1885, sur 921,534 affaires, 570,767 ont été conciliées.

La conciliation éteint les procès, évite aux plaideurs des pertes de temps et d'argent. Tous ces motifs plaident en faveur de sa conservation.

Les attributions des juges de paix sont contentieuses ou gracieuses.

Ces dernières s'exercent en dehors de toute instance ; elles sont si nombreuses qu'il faut se borner à en énumérer les principales.

Au Civil, le Code de Procédure, le Code de Commerce, le Code Civil, certaines lois confèrent compétence au juge de paix (1).

Au Criminel, le juge de paix est officier de police judiciaire et il doit rechercher les crimes, les délits et les contraventions, en rassembler les preuves et livrer les auteurs aux tribunaux.

En Matière administrative, il vise et déclare exécutoires les contraintes décernées contre les redevables des Contributions indirectes et de l'Enregistrement. Il reçoit le serment des médecins qui constatent les infirmités des fonctionnaires en instance pour obtenir une pension de retraite (Déc. du 9 nov. 1853). Il préside la Commission cantonale pour préparer la liste annuelle du jury et siège à la Commission qui arrête cette liste au chef-lieu d'arrondissement (Loi du 21 nov. 1872) ; il peut faire partie de la délégation cantonale nommée par le préfet pour inspecter les écoles publiques, etc.

La juridiction contentieuse est civile ou pénale. Elle fera l'objet particulier de notre étude.

En créant les justices de paix, l'Assemblée Constituante avait bien compris que cette institution prendrait de fortes racines dans nos mœurs et que ses attributions, très restrein-

---

(1) Voir notamment : Code Civil, art. 71, 155, 363, 406, 407, 415, 494, 477, 907, 928, 2199, etc. — Code de Commerce : 457, 480, 231, 522. 106, 16, 12. — Loi du 22 frimaire an VII ; décret du 14 juin 1813 ; loi du 2 mai 1821, etc.

tes à l'origine, seraient un jour étendues. L'art. 9 de la loi de 1790 disait : «Les législateurs pourront élever le taux de cette compétence.» Ce vœu du législateur a été réalisé. Stationnaire jusqu'en 1838, la compétence des juges de paix s'étend, à partir de cette époque, aux matières les plus diverses.

Si, en effet, nous n'avons pas, comme les autres pays de l'Europe, entièrement transformé notre organisation judiciaire, il a fallu cependant tenir compte des changements apportés depuis un demi-siècle dans la fortune mobilière et dans la vie sociale et économique de la France. On a tenté de grands efforts pour améliorer le sort des travailleurs, pour veiller sur l'enfance, pour venir en aide à l'agriculture. De là ces lois nombreuses qui ont étendu la compétence des juges de paix parce que, devant la juridiction cantonale, les affaires sont jugées avec plus de célérité, les formes de la procédure sont plus simples, les frais moins élevés et les parties connaissent le juge, dont un conseil suffira quelquefois pour éviter un long procès.

Nous nous proposons d'étudier dans cette dissertation l'extension donnée à la compétence des juges de paix par les lois postérieures à celle du 25 mai 1838. Nous suivrons cette extension d'abord en France, puis en Algérie et aux colonies. Nous parlerons ensuite des fonctions similaires dans les pays étrangers, et, après avoir analysé les projets de réforme soumis aux Chambres, nous chercherons à formuler une conclusion.

PREMIÈRE PARTIE

DE LA COMPÉTENCE DES JUGES DE PAIX EN FRANCE

———————

En France, la compétence des juges de paix est :

1° civile ;

2° pénale.

———————

CHAPITRE PREMIER

COMPÉTENCE CIVILE

Depuis 1838, de nombreuses lois ont attribué compétence aux juges de paix en des matières nouvelles.

Ces lois ont été votées au fur et à mesure que les besoins nouveaux se produisaient. Le législateur s'est réservé sans doute de les codifier le jour où aboutirait un de ces projets de réforme des justices de paix qui sont depuis si longtemps en suspens devant le Parlement.

Nous pensons que ces lois peuvent être groupées sous trois chefs principaux :

1° Lois ouvrières ;

2° Lois concernant l'agriculture et les travaux publics ;

3° Lois relatives à l'ordre public.

§ I.— LOIS OUVRIÈRES.

Au nombre de ces lois, nous plaçons celles qui se rapportent:

1° Aux contrats d'apprentissage,

2° A l'arbitrage,

3° Aux habitations à bon marché,

4° Aux caisses de secours et de retraite des mineurs,

5° A la saisie des gages et salaires.

1° Contrat d'apprentissage

Loi des 22 février-4 mars 1851, modifiée par la loi du 19 mai 1874.

La loi de 1851 traite de la nature et des formes du contrat d'apprentissage ; elle en fixe les conditions, elle règle les devoirs des maîtres et des apprentis et énumère les causes de résolution de ce contrat.

La loi du 19 mai 1874 sur le travail des enfants et des filles mineures employés dans l'industrie a fixé l'âge à partir duquel un enfant pouvait être employé comme apprenti et modifié la durée du travail de ces enfants.

La compétence du juge de paix est réglée, en matière civile, par les art. 18 et 19.

«Toute demande à fin d'exécution ou de résolution de contrat sera jugée par le Conseil de Prud'hommes, dont le maître est justiciable, et, à défaut, par le juge de paix du canton.

» Les réclamations qui pourraient être dirigées contre les tiers en vertu de l'art. 13 de la présente loi seront portées devant le juge de paix du lieu de leur domicile.» (Art. 18).

Contrairement à la règle *artor sequitur forum rei*, lorsqu'il s'agit de constestations entre maître et apprentis, c'est le Conseil de Prud'hommes, dont le maître est justiciable, qui est appelé à en connaître. Si donc le maître est demandeur, il citera l'apprenti défendeur devant les prud'hommes ou le juge de paix de son domicile à lui, demandeur.

Mais la règle reprend son empire lorsque l'action est dirigée contre des tiers en vertu de l'art. 13, c'est-à-dire contre tout fabricant, chef d'atelier, ouvrier, qui aurait détourné un apprenti de chez son maître pour l'employer en qualité d'apprenti ou d'ouvrier. Le défendeur devra être assigné devant le Conseil de Prud'hommes ou le juge de paix de son domicile.

«Dans les divers cas de résolution prévus par la section IV (cette section vise les contestations relatives au contrat d'apprentissage et à la délivrance des congés d'acquit, les demandes à fin d'exécution ou de résolution du contrat), les indemnités ou les restitutions qui pouraient être dues à l'une ou à l'autre des parties seront, à défaut de stipulation expresse, réglées par le Conseil de Prud'hommes ou par le juge de paix dans les cantons qui ne resortissent point à la juridiction d'un Conseil de Prud'hommes.» (Art. 19).

Le différend relatif à l'apprentissage n'est en général soumis à la compétence des prud'hommes, ou au juge de paix, qu'autant qu'il existe entre le maître et l'apprenti ou ses représentants légaux. Ainsi le Conseil est incompétent pour statuer sur les difficultés élevées entre le maître et un tiers qui aurait promis de payer le prix de l'apprentissage (1).

2° Loi du 27 déc. 1892 sur la conciliation et l'arbitrage en matière de différends collectifs entre patrons et ouvriers ou employés.

Les nations voisines qui ont pratiqué l'arbitrage avant nous, l'Angleterre, la Belgique, les Etats-Unis, en font remonter l'origine à la loi française sur les Conseils de Prud'hommes. La loi du 27 déc. 1892 a organisé en France l'arbitrage tem-

---

(1) Un amendement proposé par MM. Benoit et Morellet, lors de la discussion de la loi, avait pour objet de conférer aux prud'hommes la mission d'arrêter les bases réglementaire des clauses et conditions du contrat d'apprentissage ; cet amendement fut repoussé. Il aurait pour effet, disait le rapporteur, d'enlever aux parties la liberté que la loi veut leur laisser, de demander une réglementation analogue à celle des anciennes jurandes. (Sarrazin, *Code pratique des prud'hommes*, n° 20).

poraire. L'invention de la loi a donc consisté, non pas à décider que les conflits collectifs entre patrons et salariés pourraient être résolus par voie d'arbitrage, mais à offrir aux patrons et surtout aux ouvriers, peu familiarisés avec l'exercice de semblables droits, une organisation toute faite.

Elle a trois caractères essentiels :

1° C'est une organisation générale susceptible d'être adoptée à tous les différends collectifs entre employeurs et employés, au sens le plus large du mot.

2° C'est une organisation type réglant la procédure suivant laquelle se constitueront, dans chaque cas particulier, les conseils de conciliation ou d'arbitrage destinés à trancher le conflit, mais n'instituant aucune juridiction permanente.

3° C'est une organisation essentiellement facultative, les parties n'étant jamais tenues de recourir à la procédure légale (1).

Cette loi comprend trois parties :

Conciliation.— Arbitrage.— Sanction des décisions.

Pendant la conciliation et l'arbitrage, le juge de paix joue un rôle passif : il préside les débats et en enregistre les résultats ; en cas de grève, il a mission de rapprocher les parties.

L'art. 1er indique les conditions d'application de la loi : *«Les patrons, ouvriers ou employés, entre lesquels s'est produit un différend d'ordre collectif portant sur les conditions du travail, peuvent soumettre les questions qui les divisent à un comité de conciliation, et, à défaut d'entente dans ce comité, à un conseil d'arbitrage, lesquels sont constitués dans les formes suivantes»* :

D'où trois conditions pour qu'il y ait lieu à l'application de la loi :

---

(1) P. Pic.— *Traité de législation industrielle*, p. 536.

1° Qu'il s'agisse de patrons et d'ouvriers ou employés ;

2° Qu'il se produise un différend d'ordre collectif, c'est-à-dire intéressant une généralité, plusieurs des ouvriers ;

3° Que le différend porte sur les conditions du travail.

1° *Conciliation* (*Il n'y a pas grève*)

Dès qu'un différend a surgi : «Les patrons, ouvriers ou employés adressent soit ensemble, soit séparément, en personne ou par mandataire, au juge de paix du canton ou de l'un des cantons où existe le différend, une déclaration écrite contenant :

1° Les noms, qualités et domiciles des demandeurs ou de ceux qui les représentent ;

2° L'objet du différend avec l'exposé succinct des motifs allégués par la partie ;

3° Les noms, qualités et domiciles des personnes auxquelles la proposition d'arbitrage doit être notifiée ;

4° Les noms, qualités et domiciles des délégués, choisis parmi les intéressés par les demandeurs pour les assister ou les représenter, sans que le nombre des personnes désignées puisse être supérieur à cinq. (Art. 2).

C'était une question assez délicate que de savoir qui on choisirait pour servir d'intermédiaire entre les patrons et les ouvriers ou employés. M. Finance, dans son rapport au Conseil supérieur du travail, s'exprimait ainsi :

«La désignation de l'agent gouvernemental qui recevrait »les demandes d'arbitrage pour les transmettre à la partie »adverse et qui convoquerait les arbitres désignés nous a »paru mériter toute notre attention. On a proposé le président »du tribunal de commerce, le président du tribunal civil, le »juge de paix, le maire. Nous croyons le juge de paix, plus

»naturellement que tout autre, désigné pour cet office. Le pré-
»sident du tribunal de commerce, toujours un patron, pourrait
»être suspect aux ouvriers; le rôle de tribunal d'appel des
»prud'hommes, que remplit le tribunal de commerce, est, de-
»puis longtemps déjà, l'objet des réclamations des travailleurs.
»De plus, ainsi que le président du tribunal civil, sa rési-
»dence serait souvent très éloignée du conflit. Le maire peut
»être aussi un industriel, appartenir même à l'industrie me-
»nacée ; il peut être, en outre, en butte aux rancunes politi-
»ques, qui divisent un grand nombre de communes françai-
»ses. Il ne serait qu'un intermédiaire, c'est vrai ; mais le
»moins dont on l'accusera, ce sera de négligence. On pourrait
»déjà citer des exemples de maires qui ont été rendus res-
»ponsables de l'avortement des tentatives de conciliation et
»ont ainsi perdu la confiance des électeurs. Le juge de paix
»est en tous points préférable. Il n'est pas soumis à l'élection;
»il n'a pas d'intérêts particuliers dans l'industrie ; de plus, si
»le conflit s'étend à plusieurs usines similaires établies dans
»des communes voisines, ou s'il est relatif à des travaux pu-
»blics exécutés dans tout le canton, il est plus expéditif de
»s'adresser directement au juge de paix».

Et M. Jules Roche disait : «Le juge de paix est l'intermé-
»diaire investi de l'estime et de la confiance publiques, et, de
»par son titre et ses fonctions, il est l'homme de la concilia-
»tion».

*Obligations du juge de paix après la réception de la déclara-
tion.* — Art. 3: «Le juge de paix délivre récépissé de cette
déclaration avec indication de la date et de l'heure du dépôt,
et la notifie, sans frais, dans les 24 heures, à la partie adverse
ou à ses représentants, par lettre recommandée ou, au besoin,
par affiches apposées aux portes de la justice de paix des can-

tons et à celles de la mairie des communes sur le territoire desquelles s'est produit le différend».

Art. 4 : «Au reçu de cette notification, et au plus tard dans les trois jours, les invités doivent faire parvenir leur réponse au juge de paix. Passé ce délai, leur silence est tenu pour un refus.

»S'ils acceptent, ils désignent dans leur réponse les noms, qualités et domiciles des délégués choisis pour les assister ou les représenter, sans que le nombre des personnes désignées puisse être supérieur à cinq.

» Si l'éloignement ou l'absence des personnes auxquelles la proposition est notifiée, ou la nécessité de consulter des mandants, des associés ou un conseil d'administration ne permettent pas de donner une réponse dans les trois jours, les .représentants des dites personnes doivent, dans ce délai de trois jours, déclarer quel est le délai nécessaire pour donner cette réponse.

»Cette déclaration est transmise par le juge de paix aux demandeurs dans les 24 heures.

» Si la proposition est acceptée (art. 5), le juge de paix invite d'urgence les parties, ou les délégués désignés par elles, à se réunir en comité de conciliation.

» Les réunions ont lieu en présence du juge de paix, qui est à la disposition du comité pour diriger les débats. »

Le juge de paix, en pareil cas, n'est ni un juge appelé à statuer sur la question litigieuse, ni un président de droit avec voix prépondérante. C'est un simple assistant, chargé de prêter ses bons offices pour faciliter la conciliation, de veiller à la bonne tenue de l'assemblée, de présider même les débats si les parties intéressées en manifestent le désir ; mais, même dans le cas où il préside le comité, il n'a pas voix délibérative.

De la discussion sortira l'accord, ou le différend se perpétuera.

Dans le premier cas, « si l'accord s'établit dans ce comité, sur les conditions de la conciliation, ces conditions sont consignées dans un procès-verbal dressé par le juge de paix et signé par les parties ou leurs délégués. » (Art. 6.)

Dans le second cas, on arrive à l'arbitrage.

Si le conflit s'étend à plusieurs établissements industriels répartis dans différents cantons, plusieurs juges de paix peuvent être simultanément saisis et il est absolument nécessaire qu'une procédure unique se poursuive, sinon l'on verrait un même conflit risquer d'aboutir à plusieurs sentences arbitrales, non concordantes ou même contradictoires.

Comment régler le conflit entre magistrats également compétents?

L'art. 2 ne donne pas de solution. D'autre part, la procédure du règlement de juge est inapplicable, car ici le juge de paix n'agit point comme juge, mais comme intermédiaire officiel entre les parties en litige : il n'est qu'un courtier de conciliation. Il semble donc que la difficulté ne peut être résolue que par un accord amiable entre les juges saisis, qui désigneront celui d'entre eux qui, par le fait de sa résidence au lieu du principal établissement intéressé, de la priorité de la déclaration à lui faite, ou pour tout autre motif, paraîtra le plus qualifié (1).

2° *Arbitrage*

« Le juge de paix invite les parties à désigner, soit chacune un ou plusieurs arbitres, soit un arbitre commun. » (Art. 7.)

---

(1) Paul Pic. — *Législation industrielle* : Arbitrage.

Dans le cas où les arbitres nommés ne parviendraient pas à s'entendre, ils devront nommer un troisième arbitre pour les départager. Quelquefois il sera très difficile de s'entendre sur le choix de ce troisième arbitre. Le projet du gouvernement arrêtait alors toute tentative de conciliation. M. Frédéric Grousset proposa de s'en remettre au choix du président du tribunal pour nommer le tiers-arbitre : « On est exposé, dit-il, »à se trouver en présence de personnes qui auront manifesté »des sentiments de conciliation et qui ne pourront y parvenir »parce que les arbitres, plus difficiles que les parties, n'au- »ront pas voulu traiter. Cette difficulté est prévue dans les »différends de la vie civile, et le législateur a eu soin d'y pa- »rer, en indiquant que, dans ce cas, le tiers-arbitre serait »nommé par le président du tribunal. » De là est sorti l'ar- ticle 8 : « Si les arbitres n'arrivent à s'entendre ni sur la so- lution à donner au différend, ni pour le choix de l'arbitre dé- partiteur, ils le déclareront sur le procès-verbal, et cet arbitre sera nommé par le président du tribunal civil, sur le vu du procès-verbal qui lui sera transmis d'urgence par le juge de paix.

Grève

En cas de grève, la loi n'attend pas que les parties vien- nent tenter elles-mêmes de se concilier, elle va au-devant d'elles.

« Ne craignez-vous pas, disait M. Grousset, que le jour où »la grève, je puis dire la guerre sera déclarée, les patrons »comme les ouvriers, les ouvriers comme les patrons, soit par »amour-propre, soit par tactique, soit par un sentiment exa- »géré de leurs droits, n'hésitent pas à prendre l'initiative »d'une demande d'arbitrage ? Ne pensez-vous pas qu'il serait

»bon que la loi leur tendît la main aux uns et aux autres pour
»les inviter à l'accord et à l'entente que, dans le fond, ils dé-
»sirent? Ne pensez-vous pas qu'il serait sage de leur éviter
»cette démarche qui leur pèse et de charger le juge de paix
»d'aller au-devant d'eux en disant : Conciliez-vous, la loi me
»fait un devoir de vous le proposer. »

Cet amendement ne fut pas accepté sans difficulté, car certains (1) voyaient dans cette mesure un arbitrage forcé, d'autres pensaient que le conciliateur était mal choisi; enfin,
MM. Delsol et de Marcère subordonnaient l'intervention du
juge de paix, à la condition que la cessation du travail aurait
été dénoncée. Quoi qu'il en soit, l'art. 10 fut voté : «En cas de
grève, à défaut d'initiative de la part des intéressés, le juge
de paix invite d'office, et par les moyens indiqués à l'art. 3,
les patrons, ouvriers et employés, ou leurs représentants, à
lui faire connaître dans les trois jours :

»1° L'objet du différend avec l'exposé succinct des motifs
allégués ;

»2° Leur acceptation ou refus de recourir à la conciliation
et à l'arbitrage ;

»3°Les noms, qualités et domiciles des délégués choisis, le
cas échéant, par les parties, sans que le nombre des personnes
désignées de chaque côté puisse être supérieur à cinq.»

Si la proposition est acceptée, il sera procédé conformément
aux art. 5 et suivants.

L'initiative du juge de paix se manifeste par lettres ou affiches, il ne doit pas se rendre en personne sur les lieux de la
grève (2).

---

(1) MM. Jacques et Clausel de Coussergues.
(2) Les femmes peuvent être déléguées pour les industries qu'elles exercent.

3° *Sanction*

La sanction des résolutions du comité de conciliation ou des sentences du Conseil d'arbitrage est purement morale. Elle consiste uniquement dans un appel à l'opinion publique, résultant de l'affichage prescrit par l'art 12.

3° HABITATIONS A BON MARCHÉ

Loi du 30 nov. 1894 et décret du 21 sept. 1895

Dans chaque département, peuvent se constituer des comités des habitations à bon marché. Institués par décret du Président de la République, après avis du Conseil général et du Conseil supérieur des habitations à bon marché, le nombre de leurs membres doit être de 9 au moins et 12 au plus, dont 1/3 nommé par le Conseil général, les 2/3 par le Préfet.

Les Bureaux de Bienfaisance sont autorisés à employer 1/5 de leur patrimoine, et la Caisse des Dépôts 1/5 des fonds provenant des Caisses d'Épargne, à la construction de ces habitations.

Elles seront pendant 5 ans dispensées de l'impôt des portes et fenêtres.

Toutes ces faveurs nous montrent combien le législateur est désireux de venir en aide à la classe ouvrière. Dans le but d'éviter les frais et pour simplifier les formalités du partage des biens des mineurs, l'art. 8 attribue compétence au juge de paix. Voici ces dispositions :

«Lorsqu'une maison individuelle, construite dans les conditions édictées par la présente loi, figure dans une succession et que cette maison est occupée au moment du décès de l'acquéreur ou du constructeur par le défunt, son conjoint, ou l'un de ses enfants, il est dérogé aux dispositions du Code Civil, ainsi qu'il est dit ci-après :

»1º Si le défunt laisse des descendants, l'indivision peut être maintenue à la demande du conjoint ou de l'un de ses enfants pendant 5 années à partir du décès.

»Dans le cas où il se trouverait des mineurs parmi les descendants, l'indivision pourra être continuée 5 années à partir de la majorité de l'aîné des mineurs, sans que sa durée totale puisse, à moins d'un consentement unanime, excéder 10 ans.

»Si le défunt ne laisse pas de descendants, l'indivision pourra être maintenue pendant 5 ans, à compter du décès, à la demande et en faveur de l'époux survivant, s'il en est copropriétaire au moins pour moitié et s'il habite la maison au moment du décès.

»Dans ces divers cas, le maintien de l'indivision est prononcé par le juge de paix, après avis du conseil de famille.

»2º Chacun des héritiers et le conjoint survivant, s'il a un droit de copropriété, a la faculté de reprendre la maison sur estimation. Lorsque plusieurs intéressés veulent user de cette faculté, la préférence est accordée d'abord à celui que le défunt a désigné, puis à l'époux, s'il est copropriétaire pour moitié au moins. Toutes choses égales, la majorité des intéressés décide. A défaut de majorité, il est procédé par voie de tirage au sort. S'il y a contestation sur l'estimation de la maison, cette estimation est faite par le Comité des habitations à bon marché et homologuée par le juge de paix. Si l'attribution de la maison doit être faite par la majorité ou par le sort, les intéressés y procèdent sous la présidence du juge de paix qui dresse procès-verbal des opérations.»

D'après le décret du 21 septembre 1895, le conjoint survivant ou l'héritier qui veut faire prononcer le maintien de l'indivision ou l'attribution de la maison à son profit en forme la demande par voie de déclaration au greffe de la justice de paix.

Lorsque le défunt aura laissé des héritiers mineurs, le conseil de famille, réuni par le juge de paix, donnera son avis sur le maintien de l'indivision.

Si la succession s'ouvre hors du canton où les héritiers mineurs ont leur domicile, le juge de paix transmettra au juge de paix du lieu où la tutelle s'est ouverte, ainsi qu'au tuteur, copie de la déclaration.

Le juge de paix, saisi de la demande, convoque les intéressés par lettre recommandée.

Si les parties sont d'avis de maintenir l'indivision, le juge de paix leur en donne acte. En cas de désaccord, il statue au mieux des intérêts de la famille.

Lorsqu'il n'y a pas contestation sur la valeur de l'immeuble, il prononce l'attribution et en dresse procès-verbal.

En cas de contestation, le juge de paix dresse un procès-verbal de désaccord des parties, requiert le Comité du département d'en faire l'estimation, et, s'il n'y a pas de comité dans ce département, il nomme un expert.

4° CAISSES DE SECOURS ET DE RETRAITE DES OUVRIERS ET EMPLOYÉS MINEURS

Loi du 29 juin 1894 et décret du 25 juillet

Cette loi a pour objet d'assurer aux ouvriers et employés des exploitations de mines le droit à des secours, en cas de maladie ou d'infirmité empêchant de travailler et à des pensions de retraite à l'âge de 55 ans.

La réforme réalisée est une première application de l'assurance obligatoire. La loi ne s'occupe pas de l'assurance contre les accidents. Le Parlement n'a pas voulu séparer les mines des autres industries dans la loi spéciale encore en préparation.

Cette loi comprend deux parties : dans l'une, elle fixe pour
l'avenir la constitution des retraites et des assurances contre
la maladie ; dans l'autre, elle donne, en ce qui concerne le
passé, les règles à suivre pour la transformation des caisses
de prévoyance actuellement existantes dans les exploitations
de mines.

Seul, l'article 13 intéresse le juge cantonal : «Les contestations sur la formation des listes et sur la validité des opérations électorales sont portées, dans le délai de quinze jours à
dater de l'élection, devant le juge de paix de la commune où
les opérations ont eu lieu. Elles sont introduites par simple
déclaration au greffe.

»Le juge de paix statue dans les quinze jours de cette déclaration, sans frais, ni forme de procédure et sur simple
avertissement donné trois jours à l'avance à toutes les parties
intéressées.

»La décision du juge de paix est en dernier ressort, mais
elle peut être déférée à la Cour de Cassation.

»Le pourvoi n'est recevable que s'il est formé dans les dix
jours de la notification de la décision. Il n'est pas suspensif.

»Il est formé par simple requête déposée au greffe de la justice de paix, dénoncée aux défendeurs dans les dix jours qui
suivent. Il est dispensé du ministère d'un avocat à la Cour et
jugé d'urgence sans frais ni amende.

»Les pièces et mémoires fournis par les parties sont transmis
sans frais par le greffier de la justice de paix au greffier de la
Cour de Cassation. La Chambre des Requêtes statue définitivement sur le pourvoi.

»Tous les actes sont dispensés du timbre et enregistrés
gratis.»

Les élections ont une grande importance, car la société de

secours est administrée par un Conseil composé de 9 membres, 1/3 désigné par l'exploitant, 2/3 par les participants.

On trouve dans l'art. 13 la même procédure et le même désir de célérité que dans l'art. 23 du décret du 2 février 1852 et l'art. 6 de la loi du 8 décembre 1883.

Le décret du 25 juillet 1894, rendu en exécution de l'art. 29 de la loi, détermine dans son titre III le mode de nomination du mandataire collectif. C'est le juge de paix qui est chargé de recevoir la requête, de convoquer les intéressés, de présider au scrutin et de dresser procès-verbal des opérations.

5° SAISIE-ARRÊT DES GAGES ET SALAIRES

Loi du 12 janvier 1895

Aux termes de la loi du 21 ventôse an IX, les traitements des fonctionnaires publics et employés civils de l'Etat ne sont saisissables que jusqu'à concurrence du 1/5 sur les premiers 1.000 fr. ; du 1/4 sur les 5.000 fr. suivants, et du 1/3 sur la portion excédant 6.000 fr., à quelque somme qu'elle s'élève.

Des ordonnances, des décisions administratives ou judiciaires ont étendu ces dispositions aux traitements des fonctionnaires et employés des administrations publiques : instituteurs communaux, employés de l'octroi, cantonniers, secrétaires de mairie, etc. Mais elles ne s'appliquent pas aux ouvriers et aux employés des établissements particuliers et leur traitement peut être saisi même pour la totalité (1).

Cependant, la jurisprudence reconnaissait au juge le droit

---

(1) Il a été jugé que la loi de ventôse ne s'applique pas aux employés de chemins de fer et que les tribunaux peuvent autoriser la saisie d'une portion plus forte de leur traitement et même la totalité. (Douai, 13 mai 1853, — Bordeaux, 17 et 24 mars 1858).

de limiter la saisie autant que l'exige la situation du débiteur, et dans les arrêts du 10 avril 1860 et du 29 mai 1878, la Cour Suprême décide qu'il appartient aux tribunaux d'apprécier si les salaires ou traitements pouvaient être considérés comme alimentaires et affranchis à ce titre, soit pour partie, soit pour le tout de la saisie-arrêt. Au contraire, l'arrêt de la Chambre des Requêtes du 22 novembre 1852 déclare qu'aucune loi spéciale n'a affranchi des saisies-arrêts le salaire des ouvriers et que l'exception de l'art. 581 du Code de Procéd. ne peut s'appliquer aux sommes qui proviennent des conventions.

En présence de ces divergences, une loi était nécessaire. Elle ne date que du 12 janvier 1895. L'Allemagne (loi du 21 juin 1869), la Belgique (loi du 18 août 1887), l'Autriche (loi du 26 mai 1888), nous avaient précédé dans cette voie et avaient déclaré les salaires des ouvriers insaisissables dans des limites variées.

Cette nouvelle loi fixe la quotité des gages et salaires qui peut être saisie.

Elle simplifie la procédure. Le juge de paix est seul compétent pour concilier les parties, statuer sur la validité et procéder à la distribution des deniers saisis.

Procédure de la saisie-arrêt

La procédure de la nouvelle loi peut se résumer ainsi : 1° une seule saisie-arrêt ; 2° compétence du juge de paix ; 3° distribution rapide et économique des sommes saisies.

En droit commun, les art. 557 et suivants du Code de Procéd. fixent les règles de la saisie : 1° Tout créancier, en vertu d'un titre authentique ou privé, peut saisir les sommes et effets appartenant à son débiteur. S'il n'a pas de titre, le juge, après requête, peut permettre la saisie ; si la créance n'est pas liquide, l'évaluation provisoire en sera faite par le juge. Les art. 6, 7 et 8 de la loi du 12 janvier 1895 sont des dérogations au droit commun.

D'après l'art. 6, c'est le juge de paix du domicile du tiers-saisi qui est compétent.

2° Même lorsque le créancier est détenteur d'un titre authentique, la saisie ne peut être pratiquée sans le *visa* du greffier.

3° A défaut de titre, seul le juge de paix du domicile du débiteur à saisir peut autoriser la saisie, tandis que d'après l'art. 558, le juge du domicile du débiteur et celui du domicile du tiers-saisi le peuvent.

4° Les parties, contrairement à l'art. 49, § 7 du Code de Proc., sont astreintes aux préliminaires de la conciliation.

5° L'exploit, art. 6, § 3, sera signifié au tiers-saisi ou à son représentant, préposé au payement des salaires ou traitements, dans le lieu où travaille le débiteur saisi. D'après l'art. 560, l'exploit doit être signifié à personne ou à domicile, et ce domicile peut être différent du lieu où travaille le débiteur saisissable.

Le juge de paix fixe la portion non saisissable des gages, salaires ou appointements.

I. — *D'après l'art. 7, une seule saisie-arrêt doit être autorisée par le juge de paix*

La dénonciation et la contre-dénonciation (art. 563 et 564) sont supprimées. D'après l'art. 575, s'il survient de nouvelles saisies-arrêts ou oppositions, le tiers-saisi les dénoncera à l'avoué du premier saisissant, par extrait contenant les noms et

élection de domicile des saisissants et les causes des saisies-
arrêts ou oppositions.

L'art. 7 a complètement modifié cette procédure :

1° La réclamation est signée et déclarée sincère par chaque
créancier avec les pièces à l'appui.

2° Inscription est faite, par le greffier, de la dite réclamation sur le registre exigé par l'art. 14.

3° Avis de la réclamation est donné par le greffier, dans les
48 heures, au débiteur saisi et au tiers-saisi, par lettre recommandée, qui vaut opposition.

C'est la substitution du greffier à l'huissier.

II. — *Compétence du juge de paix*

D'après les art. 563 et suivants du Code de Procédure, il
y a, dans toute saisie-arrêt, préalablement à la déclaration
affirmative, le principe, l'occasion de deux instances. Elles se
développent tantôt ensemble, tantôt indépendamment l'une de
l'autre : 1° l'instance en paiement ; 2° l'instance en validation
ou en mainlevée. Le juge de paix n'est jamais compétent
pour statuer sur la demande en validité ou en mainlevée qui
doit être portée devant le domicile de la partie saisie.

Désormais, le juge de paix a compétence pour connaître
non seulement de la demande en paiement, mais encore de la
demande en validité ou en mainlevée, adjointe à cette première procédure ou indépendante de celle-ci.

D'après le projet voté par la Chambre, le juge de paix était
bien compétent pour connaître de la validité d'une saisie-
arrêt, mais il ne pouvait en connaître que dans les limites de
sa compétence. De sorte que, compétent pour autoriser la
saisie lorsque la créance du saisissant est supérieure à
200 fr., le juge de paix était incompétent pour la valider.

Le Sénat modifia cette solution. Il pouvait : 1° accorder compétence pour connaître de la demande en paiement et de la demande en validité lorsqu'il s'agissait de la loi sur les salaires et petits traitements ; 2° n'accorder compétence que pour statuer sur la demande en validité de la saisie-arrêt.

Le Sénat a adopté une 3e solution. Aux termes de l'art. 9, le juge de paix sera toujours compétent pour statuer sur la validité de la saisie-arrêt et sur la déclaration affirmative quand il s'agira d'opposition portant sur des salaires ou petits traitements, et cela quel que soit le chiffre de la demande en premier ressort et à charge d'appel pour les demandes dépassant la compétence ordinaire.

Pour l'existence de la créance, le juge de paix est soumis aux règles de la loi de 1838. Si la créance excède sa compétence, il devra surseoir à statuer sur la validité de la saisie-arrêt, jusqu'à ce que le tribunal compétent ait statué sur le sort de la créance.

Les termes du rapport fait au Sénat et l'approbation qui lui a été donnée dans la réunion des Juges de Paix du 20e arrondissement de Paris démontrent cette solution. (*Monit. des J. de P.* du 1er fév. 1895, p. 85).

Malgré les restrictions maintenues à sa compétence par la loi du 12 janvier, le juge de paix restera le plus souvent maître du litige. Ainsi il statuera seul :

1° Quand la saisie-arrêt sera faite en vertu d'un titre authentique ou d'un jugement. (Art. 568 du C de Procéd.)

2° Il statuera en outre sur la demande en paiement quand il sera juge naturel du fond du débat, ou encore lorsque les parties consentiront à lui soumettre le litige en vue d'une prorogation de sa compétence.

La loi ne contient aucune disposition concernant la procédure d'offres réelles suivies de consignation avec demande en validité que le débiteur saisi peut introduire. Cette procédure

reste soumise au droit commun : le tribunal civil sera compétent. De là, nouvelle rupture à l'unité de compétence.

D'après l'art. 9, la demande en paiement, celle en validité
ou en mainlevée de la saisie, la déclaration affirmative
peuvent être introduites et s'instruire concomitamment. Les
formalités de la dénonciation avec assignation en validité et
de la contre-dénonciation, souvent omises, en droit commun,
dans la pratique, cessent d'être imposées au créancier saisissant. Le saisissant, le débiteur, le tiers-saisi peuvent requérir
la convocation des intéressés devant le juge de paix du domicile du débiteur saisi, par une déclaration consignée sur le
registre prévu par l'art. 14. Sur la convocation à eux adressée
dans les 48 heures de cette réquisition, par avertissement
recommandé, le saisi, le tiers-saisi et les créanciers opposants
comparaîtront devant le juge de paix à l'audience par lui fixée,
et, à cette audience ou à toute autre, le juge de paix, prononçant sans appel, dans les limites de sa compétence, et à
charge d'appel dans tous les autres cas, statuera conjointe-
ment sur la validité ou la mainlevée de la saisie, ainsi que
sur la déclaration affirmative que le tiers-saisi sera tenu de
faire audience tenante.

L'art. 10 règle la procédure de défaut et opposition. Le
greffier est substitué à l'huissier et les délais sont simplifiés.

III.— *Art. 11: Distribution par contribution*

C'est le caractère le plus saillant de la loi du 12 janvier
1895. La distribution des deniers est plus rapide et plus
simple. Antérieurement à cette loi, pour distribuer une somme
de 1.500 fr., il y avait plus de 500 fr. de frais. Pour éviter les
distributions trop fréquentes, il faut attendre que le dividende
puisse être de 20 o/o.

Les parties peuvent s'entendre à l'amiable pour une distribution des fonds.

Pour abaisser encore les frais, l'art. 15 décide que : « Tous les exploits, autorisations, jugements, décisions, procès-verbaux et états de répartition qui pourront intervenir en exécution de la présente loi seront rédigés sur papier non timbré et enregistrés gratis. Les avertissements et lettres recommandées et les copies d'état de répartition sont exempts de tout droit de timbre et d'enregistrement.

Malgré toutes les améliorations et tous les progrès que cette loi réalise, on peut cependant lui adresser de fortes critiques:

1° S'il s'agit des salaires dus à des ouvriers, pas de difficulté, le juge de paix est en tous cas compétent, à quelque taux que s'élèvent les salaires. S'il s'agit de traitements de fonctionnaires ou employés, quelle sera la juridiction compétente ? «Au-dessus de 2.000 fr., dit la loi, le droit commun reprend son empire.»

Dans le cas où le juge de paix aura été valablement saisi, si les appointements viennent à augmenter et dépassent 2.000 fr., faudra-t-il appliquer l'ancienne procédure ?

M. Rose a répondu que c'est la date de l'opposition qui doit déterminer la juridiction devant laquelle la procédure doit s'engager.

2° La fixation par le juge de la portion non saisissable des gages ou salaires soulève de très grandes difficultés. (Art. 7).

A côté des appointements fixes de l'employé ou du commis, il existe des participations, des parts d'intérêts, des remises proportionnelles basées sur le chiffre d'affaires conclues par l'entremise de l'intermédiaire. Les soumettra-t-on, comme le traitement fixe, à la retenue ?

La première réclamation émane des employés de la Préfecture de la Seine. En sus des appointements réguliers, dans plusieurs services de la Préfecture, on alloue des allocations supplémentaires aux employés pour travaux exécutés après les heures régulières de bureau et le dimanche.

La caisse municipale applique la retenue aux sommes allouées pour ces travaux supplémentaires. Elle se base sur le silence de la loi pour l'interpréter ainsi.

Les intéressés répondent : «Il est évident que si la loi est muette sur ce sujet, c'est qu'elle n'avait rien à dire. Il est inadmissible que des employés puissent subir une retenue quelconque sur des travaux qu'ils s'imposent au détriment de leur repos, pour augmenter leur budget. La retenue supplémentaire qu'opère la caisse municipale est illégale au premier chef ; puisque la loi dit : *«retenue sur les appointements»*, elle ne frappe nullement *«les gratifications»*

Ces gratifications, en effet, sont trop aléatoires, pas assez régulières pour former une créance certaine et saisissable.

De même dans les établissements universitaires, la nourriture, le logement et certaines autres prestations en nature sont accordées à titre d'appointements ou de supplément d'appointements. La retenue d'opposition peut-elle s'étendre aux prestations en nature ?

D'autre part, la majeure partie des grandes Sociétés industrielles ou commerciales, les Compagnies de chemins de fer se considèrent comme entravées dans leur fonctionnement par le nombre toujours croissant des saisies-arrêts auxquelles la loi du 12 janvier a donné lieu, à cause des formalités et des pertes de temps qui leur incombent de ce chef. Elles ont adopté comme règle d'expulser les ouvriers contre lesquels des saisies-arrêts étaient pratiquées. Dès lors, la loi faite dans l'intérêt des ouvriers leur devient préjudiciable.

Les ouvriers agricoles surtout avaient rarement leurs salaires saisis, et même on ne pouvait pas les leur saisir, car ces salaires n'étaient point perçus à titre permanent entre les mains d'un seul propriétaire.

De même les gages des domestiques ruraux étaient, à cause de leur modicité et des frais occasionnés par la procédure, à l'abri des saisies-arrêts.

N'est-il pas à craindre, en outre, qu'en limitant la saisie du salaire de l'ouvrier, on supprime son crédit?

§ II.— LOIS CONCERNANT L'AGRICULTURE ET LES TRAVAUX PUBLICS

Presque toutes ces lois sont détachées du projet de Code rural, depuis longtemps à l'étude.

Ce paragraphe comprendra l'étude des lois suivantes:

1° Loi sur les chemins ruraux — chemins et sentiers d'exploitation;

2° Drainage;

3° Réquisitions militaires;

4° Phylloxera et doryphora;

5° Télégraphes et téléphones;

6° Vices rédhibitoires;

7° Colonat partiaire;

8° Animaux employés à l'exploitation des propriétés rurales.

1° CHEMINS RURAUX.— Chemins et sentiers d'exploitation

Loi du 20 août 1881

Cette loi est détachée du projet de Code rural:

«Le juge de paix est compétent pour statuer sur les contestations que soulève la possession».

L'art. 7 dit, en effet:

«Les contestations qui peuvent être élevées par toute partie intéressée, sur la propriété ou la possession totale ou partielle des chemins ruraux, sont jugées par les tribunaux ordinaires.» Un doute s'étant élevé par suite des mots «*tribunaux ordinaires*», le rapporteur, M. Labiche, répondit que le tribunal du juge de paix était considéré comme tribunal ordinaire. (*Monit. des Juges de Paix*, 1881, p. 435).

Art. 13 : «L'ouverture, le redressement, la fixation de la largeur et de la limite des chemins ruraux sont prononcés par la Commission départementale, conformément à l'art. 4.

»A défaut du consentement des propriétaires, l'occupation des terrains pour l'exécution des travaux d'ouverture, de redressement ou d'élargissement ne peut avoir lieu qu'après une expropriation poursuivie conformément aux dispositions de l'art. 16 de la loi du 21 mai 1836.

»Quand il y a lieu à l'occupation soit des maisons, soit des cours ou jardins y attenant, soit des terrains clos de murs ou de haies vives, la déclaration d'utilité publique devra être prononcée par un décret, le Conseil d'Etat entendu, et l'expropriation sera poursuivie comme il est dit au paragraphe précédent.»

Ces dispositions sont analogues à celles qui régissent les chemins vicinaux. Elles en diffèrent cependant en certains points. En matière de voirie vicinale, la décision de l'autorité prononçant l'élargissement attribue immédiatement à la commune la propriété et la possession du sol non bâti ni clos de murs, compris dans les nouvelles limites du chemin. En pareil cas, pour un chemin rural, la commune, à défaut d'arrangement amiable, ne deviendra propriétaire du sol qu'en l'expropriant et elle ne pourra en prendre possession qu'après le paiement ou la consignation de l'indemnité. D'un autre côté, en matière de voirie vicinale, c'est seulement quand les terrains à incorporer à un chemin sont bâtis ou clos de murs qu'un décret est nécessaire pour déclarer l'utilité publique et poursuivre l'expropriation. En matière de voirie rurale, un décret, indispensable dans ce cas, l'est également lorsque les immeubles à occuper sont des cours ou des jardins attenant à une maison, même non clos, ou des terrains clos de haies vives dépendant ou non d'une habitation.

Les chemins ruraux étant moins utiles que les chemins vicinaux, le législateur a voulu assurer plus de garantie à la propriété lorsque l'autorisation de recourir à l'expropriation est sollicitée en faveur des premiers que lorsqu'elle est demandée dans l'intérêt des seconds (1).

Si l'expropriation est nécessaire, le jury se réunit presque toujours sous la direction du juge de paix.

Chemins et sentiers d'exploitation

Les chemins et sentiers d'exploitation sont ceux qui servent exclusivement à la communication entre divers héritages ou à leur exploitation. Ils sont, en l'absence de titre, présumés appartenir aux propriétaires riverains, chacun en droit soi ; mais l'usage en est commun aux intéressés. L'usage de ce chemin peut être interdit au public. (Art. 33).

Les propriétaires intéressés sont tenus de contribuer à leur entretien. Les conventions relatives aux travaux d'entretien sont déférées aux juges de paix, et celles relatives à la propriété et à la suppression de ces chemins et sentiers sont jugées par les tribunaux ordinaires, comme en matière sommaire.

Sur cette attribution, le rapporteur a fait l'observation suivante : «La compétence des tribunaux ordinaires pour toutes les questions relatives à la propriété et à la suppression des

---

(1) Instruction du Ministre de l'Intérieur, 28 août 1881.

chemins d'exploitation est une conséquence de leur caractère de propriété privée. La simplification de la procédure relative à ces contestations se justifie par leur nature et, le plus souvent, par leur peu d'importance.

»C'est dans le même intérêt d'économie et de célérité que le projet attribue aux juges de paix la connaissance, sauf appel, s'il y a lieu, de toutes les difficultés concernant l'entretien de ces chemins.»

2° DRAINAGE

Loi du 10 juin 1854

Tout propriétaire qui veut assainir son fonds peut, moyennant une juste et préalable indemnité, en conduire les eaux souterrainement ou à ciel ouvert à travers les propriétés qui séparent ce fonds d'un cours d'eau ou de toute voie d'écoulement. Sont exceptés de cette servitude les maisons, cours, jardins, parcs et enclos attenant aux habitations. (Art. 1ᵉʳ.)

Art. 5 : «Les contestations auxquelles peuvent donner lieu l'établissement et l'exercice de la servitude, la fixation du parcours des eaux, l'exécution des travaux de drainage et d'asséchement, les indemnités et les frais d'entretien, sont portées en premier ressort devant le juge de paix du canton, qui, en prononçant, doit concilier les intérêts de l'opération avec le respect dû à la propriété. S'il y a lieu à expertise, il pourra n'être nommé qu'un seul expert.»

Sauf l'attribution de compétence, ces deux articles sont la copie fidèle de la loi du 29 avril 1845 sur les irrigations.

Le juge de paix compétent est celui de la situation des fonds traversés. Lorsque les héritages traversés sont situés dans divers cantons, les actions ne peuvent être introduites que devant les divers juges de paix de la situation des lieux.

C'est au juge de paix que sont soumis les différends auxquels peuvent donner lieu l'établissement et l'exercice de la servitude autorisée par l'art. 1ᵉʳ.

La Cour de Cassation (Cass. 1ᵉʳ juin 1863) est d'avis qu'il faut interpréter cet article d'après les mêmes, principes que la disposition du Code Civil relative à la servitude de passage pour cause d'enclave ; dès lors, il n'est pas nécessaire, pour l'application de la servitude de drainage, que l'impossibilité de faire écouler les eaux autrement qu'en les dirigeant sur le fonds voisin soit absolue : il suffit qu'il existe des obstacles équivalents à cette impossibilité.

Les maisons, cours, jardins, parcs et enclos sont exceptés de la servitude. La Cour de Cassation a décidé que cette exception peut s'appliquer à une usine située dans une île et au bief de cette usine, et que s'il y a contestation, le juge de paix devant lequel elle serait portée excerce, à cet égard, un pouvoir discrétionnaire pour décider si la propriété se trouve dans les conditions auxquelles est subordonnée la servitude de drainage (1).

Trouvant de l'analogie entre le passage des eaux pour l'irrigation des propriétés et le passage légal pour l'exploitation des propriétés enclavées (Cod. Civ. 683 et 684), un député a demandé que le propriétaire du fonds traversé eût le droit d'indiquer le lieu du passage des eaux, et aussi que le passage fût pris du côté où le trajet est le plus court, et surtout dans l'endroit le moins dommageable. Ce n'est donc ni au propriétaire qui prétend à la servitude soit de passage, soit d'écoulement des eaux, ni à ceux des fonds qui doivent en être grevés, qu'il appartient de déterminer ces deux points importants, mais bien aux tribunaux, en vertu du pouvoir discrétionnaire qu'ils tiennent de la loi.

(1) Cass. 8 avril 1872.

Le juge de paix, en prononçant sur les contestations touchant les indemnités et les frais d'entretien, devra concilier les intérêts de l'opération avec le respect dû à la propriété. C'est le principe posé par l'article 643 du Code Civil.

Le juge de paix est encore compétent pour juger les contestations qui s'élèvent lorsque l'établissement de la servitude a lieu au profit des Associations syndicales, dont l'article 3 autorise la formation.

3° Réquisitions militaires

Loi du 3 juillet 1877

La loi du 3 juillet 1877 abroge une foule de lois et décrets dont le but et l'utilité ne se dégageaient qu'avec peine.

Des 56 articles dont elle se compose, quelques-uns seulement intéressent le juge de paix appelé à statuer, comme juge civil, sur les contestations que peut amener le règlement des indemnités.

Voici le texte de ces articles : « En cas de mobilisation partielle ou totale de l'armée, ou de rassemblements de troupes, le Ministre de la Guerre détermine l'époque où commence, sur tout ou partie du territoire français, l'obligation de fournir les prestations nécessaires pour suppléer à l'insuffisance des moyens ordinaires d'approvisionnement de l'armée.» (Art. 1er).

Toutes les prestations donnent droit à des indemnités représentatives de leur valeur, sauf dans les cas spécialement déterminés par l'article 15.

Le droit de requérir appartient à l'autorité militaire.

Les réquisitions sont toujours formulées par écrit et signées. Elles mentionnent l'espèce et la quantité des prestations imposées et, autant que possible, leur durée. Il est toujours délivré un reçu des prestations fournies.

Une commission est chargée d'évaluer les indemnités dues aux personnes et aux communes qui ont fourni des prestations.

Le maire de chacune des communes où il a été exercé des réquisitions adresse, dans le plus bref délai, à la commission, avec une copie de l'ordre de réquisition, un état nominatif contenant l'indication de toutes les personnes qui ont fourni des prestations, avec la mention des quantités livrées, des prix réclamés par chacune d'elles et de la date des réquisitions.

Dans les trois jours de la proposition de la commission, les décisions de l'autorité militaire sont adressées au maire et notifiées administrativement par lui à chacun des intéressés ou à leur résidence habituelle dans les 24 heures de la réception.

Dans un délai de quinze jours à partir de cette modification, ceux-ci doivent faire connaître au maire s'ils acceptent ou refusent l'allocation qui leur est faite.

Faute par eux d'avoir fait connaître leur refus dans ce délai, les allocations sont considérées comme définitives. Le refus sera motivé et indiquera la somme réclamée.

Il est transmis par le maire au juge de paix du canton qui en donne connaissance à l'autorité militaire et envoie de simples avertissements, sans frais, pour une date aussi prochaine que possible, à l'autorité militaire et au réclamant.

En cas de non conciliation, il peut prononcer immédiatement ou ajourner les parties pour être jugées dans le plus bref délai.

Il statue en dernier ressort jusqu'à 200 fr. et en premier ressort jusqu'à 1500 fr. inclusivement. Au-desus de ce chiffre, l'affaire sera portée devant le tribunal de première instance.

Dans tous les cas, le jugement sera rendu comme en matière sommaire. (Art. 26).

Les indemnités qui peuvent être allouées en cas de dommages causés aux propriétés par le passage ou le stationnement des troupes dans les marches, manœuvres et opérations d'ensemble, prévues par l'art. 28 de la loi du 24 juillet 1873, doivent, à peine de déchéance, être réclamées par les ayants droit, à la mairie de la commune, dans les trois jours qui suivent le passage ou le départ des troupes.

Une commission attachée à chaque corps d'armée ou fraction de corps d'armée opérant isolément procède à l'évaluation des dommages. Si cette évaluation est acceptée, le montant de la somme fixée est payé sur-le-champ.

En cas de désaccord, la contestation sera introduite et jugée comme il a été dit à l'art. 26.

L'article unique de la loi du 18 déc. 1878 ajoute : «Les procès-verbaux, certificats, significations, jugement, contrat, quittance et autres actes faits en vertu de la loi du 3 juillet 1877 sur les réquisitions militaires, et exclusivement relatifs au règlement de l'indemnité, seront dispensés du timbre et enregistrés gratis lorsqu'il y aura lieu à la formalité de l'enregistrement.

5° PHYLLOXERA. — DORYPHORA

Loi du 15 juillet 1878, modifiée par celle du 2 août 1879

Cette loi se compose de trois titres.

Le titre I règle la circulation des cépages pour protéger les parties du territoire non envahies, sans porter préjudice à celles qui sont déjà attaquées ; il vise l'apparition du phylloxera dans un pays jusqu'alors préservé et accorde des subventions dans des cas déterminés.

Le titre II concerne le doryphora. Trois articles ont pour objet la réglementation de la circulation des pommes de terre et de tous les objets qui ont pu recevoir l'insecte ; deux autres articles, les mesures à prendre pour arrêter et prévenir la propagation du fléau.

Le titre III fixe les indemnités, punit les contraventions. Art. 11 : «Il sera alloué une indemnité pour la perte des récoltes détruites par mesure de précaution.

»Aucune indemnité n'est due pour la destruction des récoltes sur lesquelles l'existence du phylloxera ou du doryphora aura été constatée.

»Les juges de paix connaîtront sans appel jusqu'à la valeur de 100 fr., et, à charge d'appel, à quelque valeur que la demande puisse s'élever, des contestations relatives aux indemnités réclamées en vertu du présent article.»

Si donc, par mesure de précaution et sur l'ordre de l'autorité, des vignes, des pommes de terre sont détruites, une indemnité est allouée pour la perte de ces récoltes ; et si le propriétaire, par exemple, réclame une indemnité refusée, ou refuse une indemnité insuffisante, la contestation est déférée au juge de paix qui statue en dernier ressort jusqu'à 100 fr. et à charge d'appel à quelque chiffre que la demande puisse s'élever.

Le juge de paix compétent est celui du lieu où sont situées les vignes ou récoltes.

L'indemnité due aux propriétaires de vignes soumises à un traitement préventif contre le phylloxera doit correspondre à la perte réelle subie par suite du traitement (1).

_____

(1) Tribunal de Chambéry, 7 mars 1883. (*Moniteur des J. de P.*, 1883, p. 206).

6° Télégraphes. — Téléphones

Loi du 28 juillet 1885

La loi du 28 juillet 1885 est relative à l'établissement, à l'entretien et au fonctionnement des lignes télégraphiques et téléphoniques. Art. 13 : «Dans le cas où il serait nécessaire d'exécuter, pour l'établissement des lignes, des travaux de nature à entraîner une dépossession définitive, il ne pourrait, à défaut d'entente entre l'administration et les propriétaires, être procédé que conformément aux lois du 3 mai et du 27 juillet 1870. Toutefois, l'indemnité, le cas échéant, serait réglée dans la forme prévue par l'art. 16 de la loi du 21 mai 1836.

«En cas de nécessité, dit au Sénat M. Casimir Fournier, rapporteur, l'administration a le pouvoir de provoquer l'expropriation des parties de terrains bâtis ou non bâtis, dont elle aurait besoin pour la construction des lignes; à cet égard, le projet de loi ne contient pas d'innovation ; il conserve à la propriété privée toutes les garanties qui lui sont acquises en vertu de la loi du 3 mai 1841 et du 27 juillet 1870, et à l'administration toutes les prérogatives qui résultent de la nature du travail à exécuter. Toutefois, votre commission a pensé que, pour la fixation de l'indemnité, il ne pouvait y avoir d'inconvénient à suivre la forme plus simple de l'art. 16 de la loi du 21 mai 1836. Elle y voit une économie de temps et de frais qui ne nuira en aucune façon à l'appréciation équitable du tort causé aux propriétaires par une dépossession toujours très limitée.»

La forme simple à laquelle il est fait allusion, c'est le petit jury d'expropriation que nous avons vu fonctionner plusieurs fois pour les chemins vicinaux.

On se demande si, en présence de la loi du 28 juillet, l'art. 9, titre IV, du décret du 27 déc. 1851, qui vise une ligne télégraphique déjà établie, est encore en vigueur. Voici cet article : « Lorsque,une ligne télégraphique déjà établie, la transmission des signaux sera empêchée ou gênée, soit par des arbres, soit par l'interposition d'un objet quelconque placé à demeure, mais susceptible d'être déplacé, un arrêt du préfet prescrira les mesures nécessaires pour faire disparaître l'obstacle, à la charge de payer l'indemnité qui sera fixée par le juge de paix.

» Si l'objet est mobile et n'est point placé à demeure, un arrêté du maire suffira pour en ordonner l'enlèvement. »

6° VICES RÉDHIBITOIRES

Loi du 2 août 1884, modifiée par la loi du 31 juillet 1895

Cette loi règle les conflits qui naissent entre vendeurs et acheteurs d'animaux atteints d'un vice rédhibitoire. Aux termes de l'art. 7 de cette loi qui abroge celle du 20 mai 1838, l'acheteur doit, dans les neuf jours, augmentés du délai des distances, provoquer la nomination d'un ou trois experts. C'est le juge de paix qui les nomme sur requête verbale ou écrite. Le vendeur doit être appelé, à moins que le juge n'en ordonne autrement, à raison de l'urgence ou de l'éloignement. (Art. 8.)

La demande, sur le fonds, est portée devant le tribunal compétent, c'est-à-dire devant le juge de paix, si elle n'excède pas 200 fr. Elle est dispensée du préliminaire de conciliation quand, excédant ce chiffre, elle est de la compétence du tribunal civil.

7° Colonat partiaire

Loi du 18 juillet 1889 (extraite du Code Rural)

Des contestations s'étaient élevées sur la nature du contrat de colonage partiaire, sur les droits du bailleur, sur les causes de cessation du contrat, sur la durée du bail fait sans écrit.

Le législateur l'a considéré comme un contrat *sui generis* participant à la fois du louage et de la société, et régi par des règles particulières ; il n'a fait que codifier les règles les plus universellement adoptées en matière de métayage.

Le partage des fruits, la surveillance des travaux, la direction générale de l'exploitation soit pour le mode de culture, soit pour l'achat et la vente des bestiaux, l'époque à laquelle on doit donner congé, doivent être faits d'abord d'après la convention des parties ; si elle est muette, on se réfère à l'usage des lieux ; enfin, à défaut d'usage constant, on applique le texte de la loi.

Le juge de paix prononce sur les difficultés relatives aux articles du compte lorsque les obligations résultant du contrat ne sont pas contestées, sans appel lorsque l'objet de la contestation ne dépasse pas le taux de sa compétence en dernier ressort, et à charge d'appel à quelque somme qu'il puisse s'élever.

8° Des animaux employés a l'exploitation des propriétés
RURALES

Loi du 4 avril 1889 (titre VI du Code Rural)

Le juge de paix peut ordonner la vente des animaux non
gardés dont le gardien est inconnu, lorsqu'ils ont été saisis
pour avoir causé du dommage.

§ III. — LOIS RELATIVES A L'ORDRE PUBLIC

Trois lois sont comprises dans ce paragraphe :
      1° Loi sur les élections (décret du 2 février 1852),
      2° Loi sur les élections consulaires,
      3° Loi relative à la liberté des funérailles.

1° Elections

En vertu de l'art. 21 du décret du 2 février 1852, encore
en vigueur, le juge de paix statue comme juge du second
degré des appels formés contre les décisions des Commissions
municipales. La loi du 14 avril 1871, modifiée par celle du
7 juillet 1874, la loi du 5 avril 1884 n'ont rien innové en ce
qui concerne l'appel.

Art. 21 : « Notification de la décision sera, dans les trois
jours, faite aux parties intéressées par le ministère d'un agent
assermenté.

»Elles pourront interjeter appel dans les cinq jours de la
notification.»

La faculté qui appartient aux tiers, en matière électorale,

d'interjeter appel des décisions rendues par les Commissions municipales dans lesquelles ils n'ont pas été parties, dérive du droit d'examen et de critique de la liste, consacré, au profit de tout éleveur inscrit, par l'art. 19 du décret du 2 février 1852.

Toute partie peut donc se pourvoir contre la décision de la Commission municipale et même contre l'omission ou le refus par la Commission de statuer sur une demande en inscription ou en radiation dont elle est saisie.

Lorsqu'un maire, après avoir reçu en temps utile une demande en réintégration sur la liste électorale, s'abstient d'en saisir la Commission municipale et qu'il se borne à déclarer, en réponse à une demande itérative formée après l'expiration des délais, que celle-ci est tardive, la réintégration peut être demandée au juge de paix, juge d'appel en la matière, par l'intéressé ou par les tiers-électeurs. Sans cela ils n'auraient aucun moyen de faire consacrer les droits que le maire aurait pu mettre en souffrance par son opposition de saisir la Commission.

Si le maire refuse de donner à l'intéressé copie des décisions qui le concernent, le juge de paix, statuant en appel, peut ordonner la délivrance de la copie de la décision et même l'apport du registre des décisions de la Commission (1).

La loi accorde à tout électeur, dont la réclamation n'a pas été accueillie par la Commission municipale, le droit d'interjeter appel dans un délai de cinq jours, dont le point de départ est la notification de la décision qui lui aura été faite par le ministère d'un agent assermenté. A défaut de notification, le droit d'appel s'exerce régulièrement sans limitation de délais, puisqu'il n'y a pas eu de mise en demeure (2).

_____

(1) Cassation, 21 avril 1887.
(2) Cassation, 29 juin 1875.

Art. 22 : «L'appel sera porté devant le juge de paix du canton ; il sera formé par simple déclaration au greffe ; le juge de paix statuera dans les 10 jours, sans frais, ni forme de procédure et sur simple avertissement donné trois jours à l'avance à toutes les parties intéressées.

» C'est dans le but d'arriver promptement à une solution et pour permettre à tout intéressé d'user de son droit que la loi ajoute : « Tous les actes judiciaires sont, en matière électorale, dispensés de timbre et enregistrés gratis.»

Quelque célérité que la loi ait voulu imprimer à la solution des appels, lorsque la demande portée devant le juge de paix implique une question préjudicielle, il doit attendre la décision du juge compétent,

2° ÉLECTIONS CONSULAIRES

Loi du 8 décembre 1883

Les art. 5 et 6 qui réglementent la procédure à suivre pour les réclamations des listes consulaires sont la reproduction presque textuelle des art. 21 et 22 du décret du 2 février 1852. Même procédure, même désir de célérité.

Art. 5 : « Pendant les quinze jours qui suivront le dépôt des listes (au greffe du tribunal de commerce et aux greffes de chacune des justices de paix du ressort), tout commerçant patenté du ressort et, en général, tout ayant droit compris dans l'art. 1er, pourra exercer ses réclamations, soit qu'il se plaigne d'avoir été indûment omis, soit qu'il demande la radiation d'un citoyen indûment inscrit. Ces réclamations seront portées devant le juge de paix du canton par simple déclaration au greffe de la justice de paix du domicile de l'électeur dont la qualité sera mise en question. Cette déclaration se fera sans frais et il en sera donné récépissé.

» Le juge de paix statuera sans opposition ni appel, dans les dix jours, ni forme de procédure et sur simple avertissement donné par les soins du juge de paix lui-même à toutes les parties intéressées.

» La sentence sera, le jour même, transmise au maire de la commune de l'intéressé, lequel en fera, audit intéressé, la notification dans les 24 heures de la réception.

» Toutefois, si la demande portée devant le juge de paix implique la solution préjudicielle d'une question d'état, il renverra préalablement les parties à se pourvoir devant le juge compétent et fixera un délai dans lequel la partie devra justifier de ses diligences.

» Les actes judiciaires auxquels l'instance devant le juge de paix donnera lieu ne seront pas soumis au timbre et seront enregistrés gratis. »

Art. 6 : « La décision du juge de paix pourra être déférée à la Cour de Cassation. »

3° LIBERTÉ DES FUNÉRAILLES

Loi du 15 novembre 1887

Art. 4: « En cas de contestation sur les conditions des funérailles, il est statué, dans le jour, sur la citation de la partie la plus diligente, par le juge de paix du lieu du décès, sauf appel devant le tribunal civil de l'arrondissement, qui devra statuer dans les 24 heures. La décision est notifiée au maire, qui est chargé d'en assurer l'exécution. Il n'est apporté, par la présente loi, aucune restriction aux attributions des maires, en ce qui concerne les mesures à prendre dans l'intérêt de la salubrité publique. »

S'il s'élève une contestation sur les conditions des funérailles, elle est jugée dans le jour, à la requête de la partie la plus diligente : soit un parent, soit les personnes chargées de l'exécution des dispositions du défunt.

La demande sera introduite par citation ; vu l'urgence, le préliminaire de conciliation est supprimé.

Le projet de loi confiait le soin de statuer au président du tribunal ; puis un amendement désigna le juge cantonal seul; enfin la rédaction adoptée donna attribution au juge de paix, sauf l'appel devant le président.

Il est à craindre que la faculté d'appel n'entraîne des retards et des lenteurs regrettables.

CHAPITRE II

COMPÉTENCE PÉNALE

Plusieurs lois, depuis 1838, ont étendu la compétence des juges de paix en matière pénale. Nous diviserons l'étude de ces lois en 4 paragraphes :

1° Lois ouvrières ;

2° Protection de l'enfance ;

3° Agriculture et travaux publics ;

4° Morale et ordre public.

§ I. — LOIS OUVRIÈRES

Ces lois comprennent :

1° La loi sur le tissage et le bobinage,

2° La loi sur les livrets d'ouvriers,

3° La loi sur le contrat d'apprentissage,

4° La loi sur les bureaux de placement,

5° La loi sur l'hygiène et la sécurité des travailleurs dans les établissements industriels.

1° TISSAGE ET BOBINAGE

Loi du 7 mars 1850

Sont de la compétence du juge de simple police les contraventions visées par la loi du 7 mars 1850 sur les moyens de constater les contraventions entre patrons et ouvriers, en matière de *tissage et de bobinage*, et par la loi du 21 juillet 1856 qui étend à la *coupe des velours de coton* ainsi qu'à la *teinture*, au *blanchiment et à l'apprêt des étoffes*, les dispositions de la loi du 7 mars 1850.

2° LIVRETS D'OUVRIERS

Loi du 22 juin 1854

Cette loi a été abrogée par la loi du 2 juillet 1890, sauf l'article 10 de la loi du 19 mai 1874, relatif aux livrets des enfants et des filles mineures employés dans l'industrie. Cet article sera applicable aux enfants et aux filles mineures employés comme apprentis ou autrement. Mais ces contraventions n'appartiennent pas au juge de simple police.

3° CONTRAT D'APPRENTISSAGE

Loi des 22 février-19 mars 1851, modifiée par la loi du 19 mai 1874

L'article 20 est ainsi conçu : «Toute contravention aux art. 4 (défense au maître de moins de 21 ans de recevoir des apprentis mineurs), 5 (défense au maître célibataire ou veuf de loger, comme apprenties, des jeunes filles mineures), 6 (défense à certaines catégories de condamnés de recevoir des apprentis), 9 (limitation de la durée du travail imposé aux apprentis mineurs), 10 (mesures en vue d'assurer l'instruction primaire et religieuse aux apprentis mineurs de 16 ans) de la présente loi sera poursuivie devant le Tribunal de police et punie d'une amende de 5 à 10 fr. Pour les contraventions aux art. 4, 5 et 10, le Tribunal de police pourra, en cas de récidive, prononcer, outre l'amende, un emprisonnement de 1 à 5 jours. En cas de récidive, la contravention à l'art. 6 sera poursuivie devant les tribunaux correctionnels.

La loi du 19 mai 1874, qui a réglementé le travail des enfants et des filles mineures employés dans l'industrie dans son art. 30, porte que les art. 2, 3, 4 et 5 sont applicables aux enfants placés en apprentissage et employés à un travail industriel. Mais la juridiction compétente est la juridiction correctionnelle, car les art. 18 et 25 seront applicables aux dits cas, en ce qu'ils modifient la juridiction.

4° BUREAUX DE PLACEMENT

Décret du 25 mars 1852

Pour éviter les fraudes et les exactions commises envers les malheureux qui sollicitent un emploi, le législateur a exigé certaines garanties pour l'ouverture et le mode de gestion des bureaux de placement. Des peines sévères ont été édictées, pour désobéissance aux prescriptions de l'autorité, par le décret du 25 mars 1852.

Ceux qui ouvrent et tiennent un bureau de placement sans avoir demandé et obtenu une permission spéciale ; ceux qui ne se conforment pas aux conditions de gestion stipulées dans la requête à fin d'autorisation ; ceux qui transgressent les arrêtés légalement rendus par l'autorité municipale, seront punis d'une amende de 1 à 15 fr. et d'un emprisonnement de 5 jours au plus, ou de l'une de ces deux peines seulement.

En cas de récidive (art. 4), le maximum des deux peines sera toujours appliqué au contrevenant lorsqu'il aura été prononcé contre lui, dans les douze mois précédents, une première condamnation pour contravention au présent décret.

Le tribunal de police, en condamnant le délinquant aux peines édictées par l'art. 4, pourrait-il, en outre, ordonner la fermeture du bureau de placement ?

Quelques criminalistes répondent affirmativement.

Ils se fondent sur l'art. 161 du Code d'Inst. crim., qui, d'après la Cour de Cassation, donne au juge le droit de statuer sur les dommages et intérêts ; or, ces dommages et intérêts consistent soit dans la destruction d'ouvrages faits en contravention, soit dans la fermeture d'un établissement, etc.

La fermeture du bureau de placement équivaut au retrait d'autorisation. Ce retrait peut être effectué par l'autorité municipale lorsque le placeur a été condamné à l'emprisonnement par le tribunal de police ; donc, implicitement, ce tribunal n'a pas le pouvoir de prononcer une peine qu'il est loisible à l'administration d'infliger ou de ne point infliger.

Le juge de paix est aussi très fréquemment appelé à connaître des contestations qui surgissent entre les directeurs et leurs clients.

5° HYGIÈNE ET SÉCURITÉ DES TRAVAILLEURS DANS LES ÉTABLISSEMENTS INDUSTRIELS

Loi du 12 juin 1893

Le tribunal de simple police punit les chefs d'atelier qui, mis en demeure d'apporter des modifications en vue de la sûreté et de l'hygiène, n'en ont pas tenu compte.

§ II. — PROTECTION DE L'ENFANCE

Ce paragraphe ne contient que deux lois :
1° La loi sur les enfants du premier âge et les nourrissons
2° La loi sur l'enseignement primaire obligatoire.

1° ENFANTS DU PREMIER AGE ET NOURRISSONS

Lois du 23 décembre 1874 et du 25 janvier 1875

Cette loi est due à l'initiative de M. Roussel.

Frappé de l'excessive mortalité qui atteint les enfants mis en nourrice, il a pensé que le législateur devait rechercher les moyens d'arrêter un fléau qui contribue, pour une large part, à la dépopulation de la France. Les causes de cette effroyable calamité (90 o/o à Paris et dans les grandes villes de nourrissons qui meurent) sont : le défaut de surveillance des établissements connus sous le nom de bureaux de nourrices ; l'absence de toute inspection administrative et médicale des enfants qu'ils placent à la campagne ; le mode défectueux de transport de ces enfants à une époque de la vie où la moindre négligence peut être mortelle ; l'indifférence des mères et surtout la cupidité des nourrices.

Cette loi se compose de 15 articles. Elle prend sous sa protection les enfants âgés de moins de 2 ans ; elle institue des comités de surveillance et des inspections médicales ; elle soumet à certaines obligations toute personne ayant, moyennant salaire, des nourrissons, tous les bureaux de placement, tous les intermédiaires. Le tribunal de police juge et punit les infractions suivantes :

1° Refus de recevoir la visite du médecin-inspecteur. — Peine : Amende de 5 à 15 fr.; emprisonnement de 1 à 5 jours en cas d'injures ou de violences.

2° Défaut de certificat (exigé de la personne qui veut se placer comme nourrice et délivré par le maire) indiquant si son dernier enfant est vivant et âgé de 7 mois. — Peine : Amende de 5 à 15 fr.

3° Désobéissance aux règlements d'administration publique qui se rattachent à la loi de 1874. — Peine : amende de 5 à 15 fr.

En cas de récidive : amende de 5 à 15 fr. et emprisonnement obligatoire pendant 5 jours au plus. Les circonstances atténuantes peuvent être admises et permettent aux juges d'abaisser la peine, même pour la récidive, jusqu'à 1 fr. d'amende.

D'autres infractions sont réprimées par les tribunaux correctionnels.

2° ENSEIGNEMENT PRIMAIRE OBLIGATOIRE

Loi du 28 mars 1882

Peu de lois ont soulevé autant de polémiques que la loi sur l'enseignement primaire obligatoire. Comme magistrats, les juges de paix ont reçu, de la loi de 1882, une mission importante : ils punissent ceux qui, de parti pris, s'obstinent à ne pas faire instruire les enfants dont ils ont la surveillance légale.

L'instruction primaire est obligatoire pour les enfants des deux sexes âgés de 6 ans révolus à 13 ans révolus ; elle peut être donnée soit dans les établissements d'instruction primaire ou secondaire, soit dans les écoles publiques ou libres, soit dans les familles par le père ou par toute personne qu'il aura choisie.

Lorsqu'un enfant manque momentanément l'école, les parents ou les personnes responsables doivent faire connaître les motifs de l'absence au directeur ou à la directrice qui, tous les mois, transmettent au maire et à l'inspecteur primaire l'extrait de leur registre, indiquant les absences et les motifs invoqués.

La commission scolaire apprécie les motifs d'absence,

Lorsqu'un enfant se sera absenté 4 fois dans le mois, la commission expliquera le texte de la loi et son devoir au père, tuteur ou à la personne responsable.

En cas de récidive (c'est-à-dire d'une nouvelle absence de 4 jours), la commission ordonnera l'inscription à la porte de la mairie pendant 15 jours.

En cas d'une nouvelle récidive, la Commission, ou à son défaut l'Inspecteur primaire, devra adresser une plainte au juge de paix. L'infraction sera considérée comme une contravention et pourra entraîner une peine de police conformément aux art. 479, 480 du Code Pénal.

Par suite, l'art. 483 s'applique, et la récidive résulte d'une condamnation devenue définitive dans les 12 mois précédents, devant le même tribunal, pour une contravention soit de même nature, soit d'une nature différente, mais rentrant dans l'une des catégories prévues par le Code Pénal. M. Ribère, le rapporteur, disait en effet : « En cas de seconde récidive, le juge de paix est saisi. Nous ne sommes pas là devant la Commission scolaire, mais devant un magistrat. »

§ III. — AGRICULTURE ET TRAVAUX PUBLICS

Nous parlerons :

1° De la loi Grammont,

2° De la loi sur la police du roulage,

5° Sur la restauration et la conservation des terrains en montagne,

4° Sur la protection du balisage,

5° Sur la police sanitaire des animaux,

6° Sur l'alcoomètre Gay-Lussac,

7° Sur la répression de la fraude dans la vente des engrais,

8° Sur la destruction des insectes.

1° Loi Grammont

(2 juillet 1850)

Elle punit les mauvais traitements exercés publiquement et abusivement sur les animaux domestiques. Les peines qu'elle édicte sont prononcées par le tribunal de police.

Article unique : «Seront punis d'une amende de 5 à 15 fr. et pourront l'être de 1 à 5 jours de prison, ceux qui auront exercé publiquement et abusivement de mauvais traitements envers les animaux domestiques.»

Pour constituer la contravention, 4 éléments sont nécessaires : 1° mauvais traitements ; 2° mauvais traitements publics ; 3° mauvais traitements abusifs ; 4° mauvais traitements exercés sur des animaux domestiques.

On se demande quels animaux il faut comprendre sous la dénomination d'animaux domestiques et si les combats de chiens, de coqs, de taureaux, les tirs aux pigeons et aux canards sont des mauvais traitements et tombent par suite sous les coups de la loi.

Les pigeons sont, dit-on, des animaux domestiques, car l'art. 2, de la loi du 21 déc. 1789, ne les considère comme gibier qu'aux époques de la fermeture des colombiers.

Le tribunal de police de Roubaix a décidé que faire battre des coqs après avoir armé leurs éperons d'ergots artificiels constitue la contravention punie par la loi de 1850.

Relativement aux combats de taureaux, la Cour de Cassation semble confirmer cette doctrine : «C'est là, dit-elle, un acte direct et volontaire de violence et de brutalité qui occasionne des souffrances que ne justifie pas la nécessité (1).»

_____

(1) Cassation, 22 août 1857, 13 août 1858, 5 mai 1865,

Divers arrêtés tendent à supprimer ces combats et ces tirs. Une circulaire du ministre de l'intérieur, en date du 4 septembre 1875, et un arrêté du préfet de la Gironde, du 25 août 1873, interdisent les courses et combats de taureaux ; un arrêté du préfet du Nord, du 11 février 1872, défend les combats de coqs ; un arrêté du préfet du Rhône, du 11 février 1856, prohibe les tirs à l'oie.

«Cependant, la loi du 2 juillet 1850 n'a pas eu en vue, en défendant les mauvais traitements abusifs et publics, les combats et les tirs. Considérer ces spectacles, ces exercices comme de mauvais traitements simplement, nous paraît un euphémisme quelque peu forcé, puisqu'ils se terminent toujours par la mort. La loi de 1850 a incontestablement voulu **réprimer surtout** et seulement cette brutalité qui se **trahit journellement** sur la voie publique, envers les chevaux et les chiens, et puis ces combats et ces tirs n'ont lieu qu'en vertu d'une permission de l'autorité municipale. Comment déclarer contravention un acte régulièrement accompli en vertu d'une autorisation régulière (1)».

2° POLICE DU ROULAGE ET DES MESSAGERIES PUBLIQUES

Loi du 30 mai 1851. — Décret du 10 août 1852

Le roulage ne paraît pas avoir été réglementé avant 1724. Depuis 1806 on voulait réformer la législation existante, ce n'est que la loi du 30 mai 1851 qui a donné la satisfaction depuis si longtemps attendue.

Elle laissait au gouvernement le soin de déterminer par des règlements d'administration publique plusieurs détails

_____

(1) Code annoté des Juges de paix, p. 342, n° 19,

dont ne pouvait s'occuper le législateur. C'est à quoi a pourvu le décret du 10 août 1852, modifié depuis par les décrets des 24 février 1858 et 29 août 1863.

Elle ne concerne que les routes nationales ou départementales et les chemins vicinaux de grande communication; elle ne s'applique pas aux chemins vicinaux ordinaires, aux chemins ruraux, aux rues et places des villes, bourgs et villages qui ne sont pas le prolongement des grandes routes. La police de ces voies est réglée par des arrêtés municipaux et par les art. 471, 475, 479 C. pén.

Voici ce qui regarde le tribunal de police :

Loi du 30 mai 1851.

Art. 2, § 1, dit: Des règlements d'administration publique déterminent..... 4° l'emplacement et la dimension de la plaque prescrite par l'art. 3.

Art. 2, § 2: «Des règlements déterminent.... 4° le nombre des voitures qui peuvent être réunies en convoi, l'intervalle qui doit rester libre d'un convoi à un autre, et le nombre de conducteurs exigés pour la conduite de chaque convoi».

Décret du 16 août 1852.

Tout propriétaire de voiture ne servant pas au transport des personnes est tenu de faire placer en avant des roues et au côté gauche de sa voiture une plaque métallique, portant en caractères apparents et lisibles, ayant au moins 5 millimètres de hauteur, ses noms, prénoms et professions, le nom de la commune, du canton et du département de son domicile. (Art. 16).

Lorsque plusieurs voitures marchent à la suite les unes des autres, elles doivent être distribuées en convoi de 4 voitures au plus, si elles sont à 4 roues et attelées d'un seul cheval, de trois voitures au plus, si elles sont à deux roues et attelées d'un seul cheval; et de deux voitures au plus si l'une d'elles est attelée de plus d'un cheval. L'intervalle d'un convoi à un autre ne peut être moindre de 50 mètres. (Art. 13).

Il est interdit de faire conduire par un seul domestique plus de quatre voitures à un cheval si elles sont à quatre roues ; et plus de trois voitures à un cheval si elles sont à deux roues. Chaque voiture attelée de plus d'un cheval doit avoir un conducteur. Toutefois, une voiture dont le cheval est attaché derrière une voiture attelée de quatre chevaux au plus n'a pas besoin d'un conducteur particulier. Les règlements de police municipale détermineront, en ce qui concerne la traversée des villes, les restrictions qui peuvent être apportées aux dispositions du présent article et de celui qui précède. (Art. 14).

Art. 2, § 2... 5° prévoit les mesures de police à observer par les conducteurs, notamment en ce qui concerne le stationnement sur les routes et les règles à suivre pour éviter ou dépasser d'autres voitures.

Tout roulier ou conducteur de voiture doit se ranger à sa droite, à l'approche de toute autre voiture, de manière à lui laisser libre au moins la moitié de la chaussée. (Art. 9).

Il est interdit de laisser stationner sans nécessité sur la voie publique aucune voiture attelée ou non attelée. (Art. 10).

Tout voiturier doit se tenir constamment à portée de ses chevaux ou bêtes de trait et en position de les guider. (Art. 14).

Toute voiture marchant isolément ou en tête d'un convoi ne pourra circuler pendant la nuit sans être pourvue d'un falot ou d'une lanterne allumée. Cette disposition pourra être appliquée aux voitures d'agriculture par des arrêtés des préfets ou des maires. (Art. 15).

Toute contravention aux règlements rendus en exécution des dispositions des N°ˢ 4 et 5 du § 2 de l'art. 2 est punie d'une amende de 6 à 10 fr. et d'un emprisonnement de 1 à 3 jours (art. 5 de la loi de 1851). L'emprisonnement n'est pas facultatif ; il doit être prononcé cumulativement avec l'amende ; il est obligatoire à moins de circonstances atténuantes. En cas de récidive, l'amende pourra être portée à 15 fr. et l'emprisonnement à 5 jours. (Art. 5.)

En matière de plaque, la loi a modéré sa rigueur ; l'amende est plus élevée, mais l'emprisonnement est supprimé. Le défaut de plaque n'offre guère de danger pour la sûreté publique. Le propriétaire de la voiture sera puni d'une amende de 6 à 15 fr. et le conducteur de 1 à 5 fr.

En principe, il est prononcé autant de condamnations que que de contraventions constatées ; pour la contravention pour défaut ou irrégularité de plaque, il faut un intervalle de 24 heures avant de la punir une seconde fois.

3° RESTAURATION ET CONSERVATION DES TERRAINS EN MONTAGNE

Loi du 4 avril 1882

L'article 15 édicte la peine encourue par les infractions : Amende de 1 à 5 fr. (471, §15 du Cod. Pén.), et pour la récidive emprisonnement pendant 3 jours au plus (474). Il autorise l'admission des circonstances atténuantes.

Un règlement doit indiquer la nature et les limites des terrains communaux soumis au pacage, les diverses espèces de bestiaux et le nombre des têtes à y introduire, l'époque du commencement et de la fin du pâturage, ainsi que les autres conditions relatives à son exercice.

4° PROTECTION DU BALISAGE

Loi du 27 mars 1882

Elle punit d'une amende de 10 à 15 fr. et d'un emprisonnement de 5 jours les infractions à l'art. 1er, ainsi conçu : « Il est défendu à tout capitaine, maître ou patron d'un navire, bateau ou embarcation, de s'amarrer sur un feu flottant, sur une balise ou sur une bouée qui ne serait pas destinée à cet usage. Il est également défendu de jeter l'ancre dans le cercle d'évitage d'un feu flottant ou d'une bouée. Ces interdictions ne s'appliquent pas au cas où le navire, bateau ou embarcation serait en danger de perdition. »

5° POLICE SANITAIRE DES ANIMAUX

Loi du 21 juillet 1881

Cette loi se compose de cinq titres : Maladies contagieuses des animaux et mesures sanitaires qui leur sont applicables ; — Indemnités ; — Importation et exportation des animaux ; — Pénalités ; — Dispositions transitoires.

Un seul article regarde le tribunal de police, l'art. 34 : «Toute infraction à la présente loi, non spécifiée dans les articles ci-dessus, sera punie de 16 à 100 fr. d'amende. Les infractions au règlement d'administration publique, rendu en exécution de la présente loi, seront, suivant le cas, passibles d'une amende de 1 à 200 fr. qui sera prononcée par le juge de paix du canton.»

A noter que cet article permet pour la première fois, au juge de police, de prononcer une amende de 200 fr.

Les infractions aux dispositions de la loi sont punies de peines correctionnelles.

6° ALCOOMÈTRE GAY-LUSSAC

Lois du 7 juillet 1881 et du 28 juillet 1883

La loi du 7 juillet 1881 rend obligatoire l'emploi de l'alcoomètre Gay-Lussac, et celle du 28 juillet 1883 le soumet à une vérification.

Le décret du 27 décembre 1884 fixe le mode de vérification, les droits à percevoir et les mesures nécessaires pour assurer l'exécution des lois de 1881 et de 1883. Les contraventions à ces lois sont punies des peines portées à l'art. 479 du Code Pénal.

Ces contraventions sont : l'emploi d'un alcoomètre autre que

l'alcoomètre centésimal ; la mise en vente ou l'emploi d'alcoo-
mètres ou de thermomètres non vérifiés — non munis d'un
signe constatant la vérification ; le défaut par tout patenté faisant le commerce des alcools en gros et demi-gros d'avoir
l'alcoomètre et le thermomètre légaux.

Le décret du 26 décembre 1884 applique les peines de
l'art. 479 du Code Pénal si le nom et la marque du fabricant
ne sont pas sur la carène, si le poids de l'alcoomètre ou la
division du thermomètre ne sont pas indiqués.

La loi est muette sur la récidive et les circonstances atténuantes.

7° RÉPRESSION DE LA FRAUDE DANS LA VENTE DES ENGRAIS

Loi du 4 février 1888

La loi de 1867 étant impuissante à réprimer les fraudes
dans la vente des engrais, on prit des mesures plus énergiques
par la loi du 4 février 1888.

L'art. 3 donne compétence au juge de paix : «Seront punis
d'une amende de 11 à 15 fr. inclusivement ceux qui, au moment de la livraison, n'auront pas fait connaître à l'acheteur,
dans les conditions indiquées à l'art. 4, la provenance natu-
relle ou industrielle de l'engrais ou de l'amendement vendu
et sa teneur en principes fertilisants».

En cas de récidive dans les trois ans, la peine de l'emprisonnement pendant 5 jours au plus pourra être appliquée.

8° DESTRUCTION DES INSECTES

Loi du 24 décembre 1888

Elle a abrogé la loi du 26 ventôse an IV sur l'échenillage, bien qu'elle en diffère essentiellement par son but, par la procédure à suivre et par la nature des parasites à détruire.

La loi du 24 décembre 1888 a pour but la destruction des insectes, des cryptogames et autres végétaux nuisibles à l'agriculture ; elle charge les préfets de prendre les mesures nécessaires pour arrêter ou prévenir les dommages causés par ces insectes, lorsque les dommages se produisent dans un ou plusieurs départements, ou seulement dans une ou plusieurs communes, et revêtent un caractère envahissant ou calamiteux. L'arrêté n'est pris, sauf le cas d'urgence, qu'après avis du Conseil général ; il n'est exécutoire qu'après l'approbation du Ministre de l'agriculture.

Les propriétaires, les fermiers, les colons ou métayers, les usufruitiers et les usagers sont tenus d'exécuter les mesures prescrites. Ils doivent ouvrir leur terrain, pour la vérification ou la destruction, à la réquisition des agents. L'Etat, les communes et les établissements publics et privés sont astreints aux mêmes obligations (art. 2). En cas d'inexécution dans le délai fixé, procès-verbal est dressé par le maire, l'adjoint, l'officier de gendarmerie, le commissaire de police, le garde forestier ou le garde champêtre, et le contrevenant est cité devant le juge de paix par lettre recommandée, ou par le garde champêtre, en observant les délais de l'art. 146 du Cod. d'Inst. crim. Le juge de paix peut ordonner l'exécution provisoire de son jugement, nonobstant opposition ou appel, même sur minute et avant enregistrement.

Les contraventions aux art. 1 et 2 sont punies d'une amende

de 6 à 15 fr. En cas de récidive, l'amende est doublée et l'emprisonnement pendant 5 jours peut être prononcé.

D'après l'art. 5, en cas de récidive, l'amende est doublée. Quel sera le juge compétent ? La loi ne l'indique pas. Par analogie avec l'art. 478, qui dessaisit le juge de paix, le tribunal correctionnel sera compétent en cas de récidive.

§ IV.— LOIS RELATIVES A LA MORALE ET A L'ORDRE PUBLIC

Ces lois sont au nombre de sept :
1° Réquisitions militaires,
2° Sur l'ivresse et contre les progrès de l'alcoolisme,
3° Sur les cafés, cabarets, débits de boissons,
4° Sur les réunions publiques,
5° Sur les imprimés, affichage et colportage,
6° Sur les annonces sur la voie publique,
7° Sur les étrangers et la protection du travail national.

1° RÉQUISITIONS MILITAIRES

Loi du 3 juillet 1877

Nous avons déjà étudié cette loi à propos des règlements des indemnités que les habitants d'un pays sont en droit de réclamer. Quelques unes de ses dispositions intéressent le juge de police. L'art. 21 décide qu'en cas de refus de fournir le logement, l'habitant est passible d'une amende qui peut s'élever au double de la prestation requise.

Si le double de la valeur de la prestation s'élevait à plus de 15 fr., le tribunal de police cesserait d'être compétent.

2° Sur l'ivresse manifeste et contre les progrès de l'alcoolisme

Lois des 23 janvier, 4 février, 11 mars 1873

Alors que presque toutes les nations civilisées, l'Angleterre, l'Autriche, l'Allemagne, la Russie, la Suisse avaient des lois contre l'ivrognerie, la France ne pouvait opposer à ce vice que des arrêtés municipaux ou préfectoraux. Des deux projets de loi soumis au Parlement est sortie la loi du 23 janvier 1873.

Elle punit :

«1° Quiconque est trouvé en état d'ivresse manifeste dans un lieu public ;

2° Les cafetiers, cabaretiers et autres débitants qui ont donné à boire à des gens manifestement ivres, ou qui ont servi des boissons alcooliques à des mineurs de 16 ans ;

3° Elle prescrit l'affichage de son texte à la porte des mairies, dans les cafés et cabarets ; elle punit la lacération de l'affiche ;

4° Elle donne compétence aux tribunaux de police et, en cas de *double récidive*, aux tribunaux correctionnels ;

5° Elle indique enfin les fonctionnaires qui doivent constater les contraventions et d'en dresser procès-verbal.

1° Seront punis d'une amende de 1 à 5 fr. inclusivement ceux qui seront trouvés en état d'ivresse manifeste dans les rues, chemins, places, cafés, cabarets et autres lieux publics.

2° Art. 4 : «Seront punis d'une amende de 1 à 5 fr. les cafetiers, cabaretiers et autres débitants qui auront donné à boire à des gens manifestement ivres, ou qui les auront reçus dans leurs établissements, ou auront servi des liqueurs alcooliques à des mineurs âgés de moins de 16 ans accomplis.

»Si le débitant prouve qu'il a été induit en erreur sur l'âge du mineur, aucune peine ne lui sera applicable.»

Les art 474 et 483 du Code Pénal sont applicables dans ces deux premiers cas.

3° Art. 12 : «Le texte de la présente loi sera affiché à la porte de toutes les mairies et dans la salle principale de tous les cabarets, cafés et autres débits de boissons.

»Un exemplaire en sera adressé, à cet effet, à tous les maires et à tous les cabaretiers, cafetiers et autres débitants de boissons.

»Toute personne qui aura détruit ou lacéré le texte affiché sera condamnée à une amende de 1 à 5 fr. et aux frais du rétablissement de l'affiche.

»Sera puni de même, tout cabaretier, cafetier et débitant chez lequel ledit texte ne sera pas trouvé affiché.»

Il faut remarquer que l'art. 479/$_9$ du Code pénal punit d'une amende de 11 à 15 fr. ceux qui auront *méchamment* enlevé ou déchiré des affiches apposées par l'ordre de l'administration.

La loi de 1873 est plus large et partant plus sévère.

L'aubergiste, le cafetier, le débitant de boissons ne seront en contravention pour omission d'affichage qu'autant qu'un exemplaire leur aura été transmis par l'administration.

4° Les gardes champêtres sont chargés de rechercher, concurremment avec les autres officiers de police judiciaire, les infractions à la présente loi. (Art. 13).

3° CAFÉS. — CABARETS. — DÉBITS DE BOISSONS

Loi du 17 juillet 1880

Elle abroge le décret du 29 décembre 1851 qui soumettait l'ouverture d'un café, cabaret, débit de boissons à la permission préalable donnée par l'autorité administrative.

Les infractions ou contraventions aux réglements de police continueront à être punies des peines de simple police. (Loi de 1880, art. 11).

Les infractions aux arrêtés des préfets et des maires qui réglementent la police des cafés, cabarets, débits de boissons sont punies des peines édictées par l'art. 471/$_{15}$ du Code Pénal.

4° Réunions publiques

Loi du 30 juin 1881

La loi du 30 juin 1881 sur la liberté de réunion abroge celle des 6-10 juin 1868 sur les réunions publiques, dont les infractions étaient déférées aux tribunaux correctionnels et punies d'une amende de 100 à 3.000 fr. et d'un emprisonnement de 6 jours à 6 mois.

«Toute infraction aux dispositions de la présente loi, dit l'art. 10, sera punie des peines de simple police».

Ces infractions prévues par les art. 2, 3, 5, 6 et 8 sont :

Défaut de déclaration indiquant le lieu, le jour et l'heure de la réunion ;

Défaut de signature par deux personnes au moins, dont une domiciliée dans la commune ;

Déclaration faite par des individus ne jouissant pas de leurs droits civils et politiques;

Ouverture de la réunion avant le délai de 24 heures ;

Assistance à une réunion électorale de personnes non électeurs dans la circonscription ;

Réunion tenue sur la voie publique;

Réunion prolongée au delà de 11 heures du soir, ou de l'heure fixée pour la fermeture des établissements publics;

Bureau composé de moins de trois membres ;

Bureau ne maintenant pas l'ordre, n'empêchant pas toute désobéissance aux lois.

Les pénalités encourues par ces contraventions sont l'amende de 1 à 15 fr. ; l'emprisonnemenr de 1 à 5 jours.

Le juge pourra, suivant les circonstances, appliquer ou l'amende seulement, ou l'emprisonnement seulement, ou l'amende et l'emprisonnement. Un arrêt de la Cour de Cassation du 22 juillet 1882 confirme cette opinion.

Les circonstances atténuantes sont admissibles.

La prescription est de 6 mois, contrairement au principe qui en fixe la durée, pour les contraventions, à 1 an.

5° IMPRIMÉS. — AFFICHAGE. — COLPORTAGE

Loi du 29 juillet 1881

La loi du 29 juillet 1881 proclame la liberté absolue de la librairie, supprime le timbre et le cautionnement.

Certaines infractions à cette loi sont punies par les tribunaux de police. Elles concernent :

1° Les imprimés ; 2° l'affichage ; 3° le colportage.

1° *Imprimés.* — «Tout imprimé, rendu public, à l'exception des ouvrages dits de ville ou bilboquets, portera l'indication du nom et du domicile de l'imprimeur, à peine contre celui-ci d'une amende de 5 à 15 fr.

»La peine de l'emprisonnement pourra être prononcée si, dans les 12 mois précédents, l'imprimeur a été condamné pour contravention de même nature ». (Art. 2).

2° *Affichage.* — L'article 15 défend : 1° d'apposer des affiches particulières sur les emplacements réservés aux affiches de l'autorité publique ; 2° d'imprimer les affiches particulières sur papier blanc.

La peine encourue est l'amende de 5 à 15 fr. et, en cas de récidive, l'emprisonnement facultatif de 1 à 5 jours.

«Les professions de foi, circulaires et affiches électorales pourront être placardées, à l'exception des emplacements réservés par l'article précédent, sur tous les édifices autres que les édifices consacrés au culte, et particulièrement aux abords des salles de scrutin.» M. Pelletan faisait remarquer que «si le ministre d'un culte refusait à un candidat la permission qu'il accorderait à un autre, il descendrait par là même dans l'arène électorale, il prendrait parti pour un candidat.»

Seront punis d'une amende de 5 à 15 fr. ceux qui auront enlevé, déchiré, recouvert ou altéré par un procédé quelconque, de manière à les travestir et à les rendre illisibles : 1° les affiches de l'administration ; 2° les affiches électorales.

Le propriétaire de l'immeuble sur lequel les affiches électorales ont été collées peut les faire disparaître sans encourir de contravention, de même l'usufruitier, le principal locataire. Mais le curé peut-il, sans être en contravention, enlever ou lacérer celles mises sur les murs du presbytère ?

La Cour Suprême décide que le droit du curé sur le presbytère est un droit spécial de jouissance qui équivaut à l'usufruit ; qu'à ce titre, il peut, comme le propriétaire ou l'usufruitier, interdire l'apposition sur son presbytère des affiches électorales, et, en cas d'apposition opérée, les faire enlever (1).

3° *Colportage.* — Quiconque veut exercer la profession de colporteur ou distributeur sur la voie publique, ou en tout autre lieu public ou privé, sera tenu d'en faire la déclaration à la préfecture du département de son domicile.

Toutefois, en ce qui concerne les journaux et autres feuilles périodiques, la déclaration pourra être faite, soit à la mairie de la commune dans laquelle doit se faire la distribution, soit à la sous-préfecture.

----

(1) Cassation, 11 nov. 1882.

Aucune formalité n'est exigée pour le colportage accidentel.

L'exercice de la profession de colporteur ou distributeur sans declaration préalable, la fausseté de la déclaration, le défaut de présentation à toute réquisition du récépissé, constituent des contraventions.

« Les contrevenants seront punis d'une amende de 5 à 15 fr. et pourront l'être, en outre, d'un emprisonnement de 1 à 5 jours.

»En cas de récidive ou de déclaration mensongère, l'emprisonnement sera nécessairement prononcé».

6° ANNONCES SUR LA VOIE PUBLIQUE

Loi du 19 mars 1889

Les contraventions à l'art. 1er seront punies d'une amende de 1 à 15 fr. et, en cas de récidive, d'un emprisonnement de 1 à 5 jours.

Art. 1er : « Les journaux et tous les imprimés distribués ou vendus dans les rues et lieux publics ne pourront être annoncés que par leur titre, leur prix, l'indication de leur opinion et les noms de leurs auteurs et rédacteurs. Aucun titre obscène ou contenant des imputations, diffamations ou expressions injurieuses pour une ou plusieurs personnes ne pourra être annoncé sur la voie publique».

7° LOI RELATIVE AU SÉJOUR DES ÉTRANGERS EN FRANCE ET A LA PROTECTION DU TRAVAIL NATIONAL.

Loi du 8 août 1893

Toute personne qui emploiera sciemment un étranger non muni du certificat d'immatriculation sera passible des peines de simple police.

DEUXIÈME PARTIE

COLONIES

TITRE PREMIER

ALGÉRIE

Il y a en Algérie des juges de paix à compétence restreinte et à compétence étendue ; les uns et les autres sont compétents en matière musulmane et en matière kabyle. De là, la division de notre étude :

1° Juges de paix à compétence restreinte.

2° Juges de paix à compétence étendue.

3° Juges de paix en matière musulmane.

4° Juges de paix en matière kabyle.

Nous étudierons leurs attributions dans le même ordre que nous avons étudié celles des juges de paix en France.

CHAPITRE PREMIER

DES JUGES DE PAIX A COMPÉTENCE RESTREINTE

———

A. — ATTRIBUTIONS EXTRA-JUDICIAIRES

Leurs attributions extra-judiciaires sont fort nombreuses, comme celles des juges de paix français. Nous nous bornerons à signaler celles qui sont spéciales aux juges de paix algériens. Elles se rapportent :

1° Aux successions,

2° A la propriété indigène,

3° Aux concessions,

4° A la commission disciplinaire.

1° *Successions.* — L'ordonnance du 25 décembre 1842 règle ces attributions. En Algérie, un grand nombre de personnes vivent sans famille. On ignore souvent leur lieu d'origine et quels sont leurs héritiers. Il était nécessaire de prendre des mesures pour l'attribution et la conservation de leurs biens.

En France, lorsqu'une succession est réputée vacante, on nomme pour l'administrer et la liquider un curateur.

En Algérie, le curateur est un véritable fonctionnaire.

Dès qu'un décès se produit, l'officier de l'état civil doit s'informer si les héritiers du défunt sont présents ; la personne chez laquelle un décès a lieu doit également fournir tous les renseignements qu'elle peut avoir sur la personne décédée. S'il n'y a pas d'héritiers présents ou connus, l'officier de l'état civil informe le procureur de la République, le juge de paix, le curateur. Celui-ci entre en fonction et fait procéder à l'inventaire. Si les valeurs mobilières paraissent inférieures à 1000 fr., l'inventaire est remplacé par un procès-verbal descriptif, dressé, sans frais, par le juge de paix. Le procureur ou le juge de paix peuvent autoriser le curateur à garder : 1° les objets sujets à dépérissement ou dispendieux à conserver ; 2° les objets servant à l'exploitation d'un fonds de commerce. La vente peut en être autorisée. Dans les dix jours, le curateur fait le relevé sommaire de l'inventaire et l'adresse aux héritiers connus ou au procureur de la République qui le transmet au ministre et le fait insérer dans le *Journal officiel*. Dans le mois, les effets sont vendus par l'intermédiaire du commissaire-priseur ou d'une personne commise par le juge de paix. Le certificat des dettes, le registre des successions tenu par le curateur, celui des recettes et des dépenses sont cotés et vérifiés par le juge de paix. On procède de la même manière dans le cas où les héritiers présents ne sont pas seuls habiles à succéder, si le défunt laisse un conjoint survivant ou des enfants naturels, s'il était membre d'une société qui doit se dissoudre par la mort.

Les juges de paix n'ont qu'une surveillance indirecte à exercer sur les curateurs, puisqu'ils ne sont chargés que de signaler au procureur de la République les manquements de ces officiers ministériels. Les juges de paix à compétence étendue ont pour mission de les surveiller directement.

2° *Propriété indigène*. — Les lois du 26 juillet 1873 et du 28 avril 1887 ont eu pour but de constater la propriété privée et de constituer la propriété individuelle sur les territoires occupés à titre collectif. Le juge de paix est compétent pour exécuter certains actes et remplir certaines formalités en cette matière.

Il reçoit le dépôt du procès-verbal d'enquête dressé en conformité de la loi du 26 juillet 1873, art. 13, ainsi que les relations y relatives. (Art. 15.)

Il procède au bornage des propriétés indigènes que les acquéreurs européens désirent purger de tout droit réel. (Loi du 26 avril 1887, art. 6).

Il statue, en premier ressort, sur les contestations relatives au partage de biens attribués, conformément à la loi du 26 juillet 1873, art. 14.

Aux termes de l'art. 16 de la même loi, il nomme le mandataire unique qui doit représenter les indigènes qui sont parties dans une action en partage.

Enfin, il reçoit le dépôt des procès-verbaux de délimitation des douars et des tribus, dressés en exécution du décret du 22 septembre 1887, art. 13.

3° *Concessions.* — Le juge de paix est chargé de dresser l'acte de notoriété constatant les ressources pécuniaires de toute personne demandant une concession de terre en Algérie. (Décret du 23 avril 1852, art. 1er).

4° *Commissions disciplinaires.* — Aux premiers jours de la conquête, on institua les commissions disciplinaires qui avaient le pouvoir de prononcer sans jugement l'emprisonnement et même l'internement de coupables apparents ou réels.

Un arrêté du 14 novembre 1874 a organisé ces commissions et fixé leur compétence. «Les commissions, dit l'art. 13, connaissent des actes d'hostilité, crimes et délits commis, en territoire militaire, par des indigènes de ce même territoire, non naturalisés citoyens français, et qu'il est impossible de déférer aux tribunaux civils et militaires.» Aux termes de l'art. 14, les commissions de cercle peuvent prononcer les peines de

2 mois de prison et de 200 fr. d'amende, celles de subdivision les peines de 1 an de prison et de 1.000 fr. d'amende.

Il existe une commission dans chaque cercle ; elle est composée du commandant supérieur ou du chef d'annexe, président ; du juge de paix ou de son suppléant ; d'un officier de la garnison ayant, autant que possible, le grade de capitaine.

L'accusé peut se faire assister d'un défenseur et faire entendre des témoins à décharge. La décision est prise à la majorité.

Par suite de l'extension successive du territoire civil, il n'existe plus que 4 commissions disciplinaires de subdivision (Batna, Médéa, Mascara, Tlemcem). Elles sont composées du commandant de la subdivision, président ; d'un membre du parquet ou du juge de paix et de deux officiers de la garnison.

B.— ATTRIBUTIONS CONTENTIEUSES

Elles sont civiles ou pénales.

1° Compétence civile

La juridiction du juge de paix s'exerce, en matière personnelle et mobilière, sur les personnes suivantes :

Français d'origine ou naturalisés.

CONTRE

Français d'origine ou naturalisés, domiciliés dans le canton ou y résidant, ou contre lesquels est réclamée l'exécution d'une obligation née dans le canton ;

Sujets français de toute origine, dans les mêmes conditions que ci-dessus ;

Etrangers de toute origine, dans les mêmes conditions que ci-dessus.

Sujets français de toute origine.

CONTRE

Français d'origine ou naturalisés, dans les mêmes conditions ;

Etrangers de toute origine, dans les mêmes conditions.

| **Etrangers** de
toute origine.
CONTRE | Français d'origine ou naturalisés, dans les mêmes conditions ;
Sujets français de toute origine, dans les mêmes conditions. |
| **Sujets français**
musulmans.
CONTRE | Etrangers de toute origine, dans les mêmes conditions.
Sujets français musulmans pour l'exécution d'une obligation contractée suivant les formes de la loi française (1). |

Pas à proprement parler de compétence immobilière. Pour les actions possessoires, l'immeuble doit être situé dans le canton et être français ou francisé.

Les lois postérieures à 1838, qui ont étendu, en France, la compétence des juges de paix, sont applicables à l'Algérie. Nous n'avons rencontré aucune loi spéciale à notre colonie.

2° Compétence pénale.

Nombreux sont les décrets ou les lois qui punissent des contraventions non prévues par les lois françaises. Au lendemain de la conquête, il fallait imposer notre autorité aux Arabes et dans la suite éteindre ces ferments de révolte toujours prêts à éclore pour menacer notre œuvre. En outre, le sol de l'Algérie, ses productions, les insectes et les animaux qui dévastent les récoltes exigent une protection et une réglementation particulières.

De là, extension de la compétence pénale des juges de paix algériens. Nous étudierons ces lois et décrets en les classant de la manière suivante :

       1° Code de l'Indigénat,

       2° Lois et décrets concernant l'agriculture,

       3° Lois et décrets concernant l'ordre public.

---

(1) Zeys.— Les Juges de Paix algériens, p. 33.

§ I. — CODE DE L'INDIGÉNAT

Au début de la conquête, ignorants des mœurs, de la langue, des coutumes des Arabes, nous laissâmes à leurs chefs l'exercice de leur pouvoir. Ils en abusèrent, nous imputant tout l'odieux de leur conduite. Le maréchal Bugeaud se rendit rapidement compte d'une situation pleine de périls pour notre œuvre, et pour faire cesser cet état de choses, il édicta un règlement par lequel chaque faute commise contre l'ordre et la justice était punie d'une amende plus ou moins forte, suivant sa gravité, infligée par le Caïd, par l'Agha, par le Commandant militaire français, mais toujours sous le contrôle immédiat de ce dernier.

Lorsque une grande partie du territoire militaire fut incorporée dans le territoire civil, le décret du 11 septembre 1874 donna compétence à tous les juges de paix pour réprimer les infractions spéciales à l'indigénat. Cette organisation souleva deux critiques principales : 1° des conflits s'élevèrent entre le juge de paix et l'administrateur ; 2° la nomenclature des infractions variait avec chaque préfet.

La loi du 28 juin 1881 mit un terme à cette situation : elle attribua compétence pour connaître de ces infractions, dans les communes mixtes du territoire civil, aux administrateurs de ces communes, et les préfets adoptèrent une nomenclature unique.

Le 27 juillet 1888, une loi prorogea, pour deux ans, l'effet de la loi de 1881 ; en 1890, la loi du 25 juin l'a prorogée de 7 ans. Les décisions des administrateurs peuvent, d'après cette dernière loi, être attaquées par la voie de l'appel, devant le préfet ou le sous-préfet.

Or, les lois du 28 juin 1881, du 27 juillet 1888, du 25 juin

1890, ne parlent que des administrateurs des communes mixtes ; cependant l'art. 17 du décret du 29 août 1874 et l'art. unique du décret du 11 septembre suivant fixent la compétence des juges de paix.

Les juges de paix ont-ils perdu toute compétence? Il ne peut pas en être ainsi, car dans les communes de plein exercice, si le juge de paix n'était pas compétent, les infractions au Code de l'Indigénat ne seraient pas réprimées. En outre, en 1890, lors de la discussion de la loi, le rapport de M. Trarieux donne compétence aux juges de paix. De plus, un jugement du tribunal de police de Blida du 10 décembre 1889, qui condamne un indigène pour avoir fourni de faux renseignements à l'autorité, a été confirmé par un arrêt de la Cour du 12 juillet 1890. (Voir la loi de 1890.)

§ II. — Lois et décrets concernant l'agriculture

Nous parlerons :
   1° Des forêts,
   2° Des chèvres,
   3° Des sauterelles,
   4° Des abattoirs.

1° Forêts

En Algérie, indépendamment de leur valeur intrinsèque, les forêts sont très utiles au point de vue du climat et des eaux; sans forêts, le pays serait inhabitable. L'administration dut prendre des mesures pour mettre la richesse forestière à l'abri des déprédations des Européens et des Indigènes. Dès lors, le Code Forestier, applicable par le seul fait de la conquête, n'était pas suffisant, et un nombre considérable de décrets ont été rendus pour protéger les bois et augmenter la compétence des juges de paix en cette matière (1).

La législation forestière de l'Algérie était, par suite, disséminée dans un grand nombre de textes, quelquefois inconciliables. La loi du 9 décembre 1885 a mis un terme à cette situation. Elle réglemente tout ce qui concerne l'aménagement et le rachat des droits d'usage dans les forêts, les exploitations et les abus de jouissance dans les bois des particuliers, la police et le reboisement des forêts. En vertu de l'article 6 qui accorde au Gouverneur général le droit de prendre toutes les mesures nécessaires au bon fonctionnement du nouveau régime, de là l'arrêté du 7 juillet 1886 sur le colportage du liège, celui du 30 juillet 1886 sur les écorces à tan, la circulaire du 15 juillet 1886 sur les feux de broussailles, l'arrêté du 2 août 1886 sur le commerce des cannes, l'arrêté du 4 août 1886 sur les produits résineux.

Aux termes du décret du 14 mai 1850, les juges de paix connaissent (qu'ils soient à compétence restreinte ou étendue) des délits de contravention lorsque l'amende réclamée par la citation n'excède pas 150 fr.

Colportage des lièges (Arrêté du 7 juillet 1886). — Les indigènes doivent désigner à l'avance les chênes qu'ils veulent exploiter ; ces arbres sont martelés par l'administration, il est

---

(1) A noter : 1° L'arrêté du 2 avril 1383, interdisant de couper des arbres fruitiers et forestiers non enfermés dans les enclos ou jardins, sous peine de 50 fr. d'amende.

2° L'arrêté du 11 juillet 1888, punissant d'une amende de 1 à 50 fr. les défrichements non autorisés.

3° L'arrêté du 25 juin 1850, interdisant la vente des bois brûlés.

4° Le décret du 1er octobre 1861, réprimant l'exploitation illicite des chênes-lièges.

5° La loi du 17 juillet 1874, l'arrêté du 6 juillet 1881 et la circulaire du 6 mai 1886, organisant la défense contre les incendies des forêts.

6° Les circulaires du 8 février 1876 et du 6 janvier 1882 sur les droits d'usage des indigènes.

interdit d'écorcer les autres. Ils ne peuvent déplacer leur récolte sans un permis de colportage. Les Européens sont soumis au permis de colportage. S'ils ne peuvent pas justifier de la provenance de leurs produits, le liège est saisi et mis sous séquestre, à moins que le juge de paix n'ait donné mainlevée provisoire de la saisie.

Le colportage des écorces à tan (arrêté du 30 juillet 1886) est soumis aux mêmes mesures.

L'arrêté du 2 août 1886 réglemente le colportage, la vente et l'exportation des *brins* servant à la fabrication des cannes. Le juge de paix est autorisé à donner mainlevée provisoire de la saisie.

Il peut aussi assister les agents chargés de constater les contraventions commises contre l'arrêté du 13 décembre 1888 sur l'exploitation de l'*alfa* et l'arrêt du 4 août 1886 *sur les produits résineux* lorsque l'entrée des magasins ou des dépôts leur est refusée.

Les gardes ont le droit de saisir les bestiaux ainsi que les instruments et voitures des délinquants et de les mettre sous séquestre. Si des visites domiciliaires sont nécessaires à cet égard, le juge de paix est compétent pour les autoriser ; il peut aussi ordonner la mainlevée provisoire de la saisie et faire vendre les bestiaux dans les 5 jours si bonne et valable caution n'a pas été donnée.

Le juge de paix est également compétent pour priver du droit sur la forêt incendiée tout individu européen ou indigène qui refuse son concours à l'extinction d'un incendie.

2° *Chèvres*

La profession de chevrier a été réglementée par un arrêté du maréchal Bugeaud. Les chèvres sont nombreuses en Algérie et elles sont considérées comme malfaisantes.

Le décret du 17 octobre 1844 est plus sévère que la loi du

28 septembre 1791. En France, le propriétaire des animaux
trouvés en divagation encourt une amende de trois journées
de travail par tête ; en Algérie, en cas de récidive, l'amende
est doublée ; à la seconde récidive, le chevrier est puni d'un
emprisonnement d'un mois ; à la troisième, l'autorisation qui
lui a été accordée lui est retirée et il doit se défaire, dans le
mois, de son troupeau et payer les frais de fourrière et les
dommages-intérêts dont il est passible. Cet arrêté n'a pas été
abrogé, mais à Alger un arrêté municipal du 12 mars 1850
a soumis les chevriers aux dispositions des art. 471, 475 et
479 du Code Pénal.

3° *Sauterelles*

L'arrêté du Gouverneur général, en date du 30 mars 1846,
prescrit les mesures à prendre pour combattre les sauterelles,
dont les ravages font des dégâts immenses à l'agriculture.

«Toutes les fois qu'une localité sera envahie par les sauterelles, l'autorité locale pourra requérir les habitants pour l'exécution des mesures qui seront jugées nécessaires pour combattre le fléau dont il s'agit.» (Art. 1ᵉʳ).

«Tout refus d'obtempérer aux réquisitions faites en vertu
du présent arrêté sera puni conformément aux dispositions
de l'art. 475 du Code Pénal.» (Art. 3).

Et l'arrêté du 30 mai 1874 décide que tous les habitants
valides seront tenus, à tour de rôle et alternativement entre
Européens et Indigènes, à un service journalier de ronde.

4° *Abattoirs*

Pour les israélites et les musulmans, les animaux destinés
à l'alimentation doivent être égorgés et préparés selon les
prescriptions religieuses.

Les ordonnances algériennes ont, en vertu de cette situation, réservé des locaux, dans les abattoirs, pour les bouchers arabes et israélites. (Arrêté du Gouverneur général du 16 novembre 1846). En outre, l'arrêté du 14 juillet 1863 «maintient la défense faite aux bouchers d'abattre les bestiaux ailleurs que dans les abattoirs ou, à défaut, dans les lieux désignés à cet effet par l'autorité, sous les peines édictées par l'art. 471, § 15 du Code Pénal.»

L'art. 1er de l'arrêté du 8 janvier 1869 défend d'abattre des vaches et brebis pleines dans toute l'Algérie.

L'autorité peut prendre toutes les mesures nécessaires pour assurer au public la viande saine et de bonne qualité.

Le Consistoire israélite de Constantine avait traité avec des bouchers pour leur assurer le monopole de la viande abattue selon le rite hébraïque; ils la vendaient à un prix au-dessus de la taxe, moyennant le paiement d'une redevance. La Cour d'Alger, par arrêt du 20 janvier 1862, a déclaré cette convention légale et obligatoire pour les parties.

§ III.— LOIS ET DÉCRETS INTÉRESSANT L'ORDRE PUBLIC

Les juges de paix à compétence restreinte connaissent de quelques contraventions en matière de *pêche côtière* et de *police des ports*, mais c'est surtout les juges à compétence étendue qui sont compétents en la matière, parce que la plupart de ces infractions sont punies de peines correctionnelles.

CHAPITRE II

JUGES DE PAIX A COMPÉTENCE ÉTENDUE

Les juges de paix à compétence étendue siègent dans les localités où il n'existe pas de tribunaux de première instance.

On les a créés pour rapprocher le juge du justiciable dans un pays où la population manque de densité, où les communications sont très difficiles et la distance qui sépare le canton de l'arrondissement souvent très considérable.

Ils ont les mêmes attributions que les juges de paix à compétence restreinte, mais leur compétence a été étendue par le décret du 19 août 1854.

Nous étudierons, d'après ce décret :

1° La compétence civile,
2° La compétence commerciale,
3° La compétence pénale,
4° Les attributions présidentielles,
5° La police judiciaire.

§ 1. — COMPÉTENCE CIVILE

«Les juges de paix à compétence étendue connaissent de toutes les actions personnelles et mobilières, en matière civile et commerciale, en dernier ressort jusqu'à la valeur de 500 fr., et, en premier ressort seulement, jusqu'à celle de 1000 fr.» (Art. 2, § 1er).

Une controverse s'est élevée sur la question de savoir comment le décret de 1854 se concilie avec la loi de 1838.

D'après la loi de 1838, la règle générale est la compétence jusqu'à 100 ou 200 fr., puis il y a des exceptions ; certaines affaires sont toujours de la compétence des juges de paix en raison de leur nature, quel que soit leur chiffre ; d'autres y prennent place avec un taux déterminé. En un mot, la compétence réglée par la loi de 1838 est tantôt plus large, tantôt plus étroite que celle du décret du 19 août 1854.

«Les motifs d'intérêt général, dit Menerville, qui ont déter- »miné l'extension de la juridiction des juges de paix en »Algérie, doivent servir à interpréter le décret du 19 août 1854, »et ce serait en méconnaître l'esprit que de limiter au lieu »d'étendre la compétence attribuée à ces juges de paix.»

Dès lors, par application de ces principes, nous déciderons que pour les contestations énumérées par l'art. 2 de la loi de 1838, c'est la compétence déterminée par cette loi que les juges appliqueront.

D'après une seconde opinion de la Cour d'Alger, adoptée dans un arrêt du 22 mai 1861, le décret de 1854 a abrogé en Algérie la loi de 1838. Il n'y a donc pas lieu de distinguer selon la nature du litige. La compétence du juge est fixée par le taux de la demande. Par suite, les juges de paix à compétence étendue peuvent connaître des demandes en paiement de loyers jusqu'à 1.000 fr., abstraction faite du chiffre de la location annuelle, même pour les loyers excédant 400 fr. par an (1).

La première opinion est préférable, elle est dans l'esprit du décret de 1854, et la jurisprudence du tribunal d'Alger se rallie à ce système. (Trib. Alger, 4 juin et 30 juillet 1886.— Robe, 86, 509 et 373).

---

(1) Charpentier.— Cours de législation algérienne, pag. 72.

De Pougnadoresse.— La Justice française en Tunisie, pag. 37 et suivantes.

§ II. — Compétence commerciale

L'art. 2 du décret du 19 août 1854 fixe cette compétence en dernier ressort jusqu'à 500 fr., et en premier jusqu'à 1.000 fr. Partout où il y a une justice de paix à compétence étendue, c'est devant la justice de paix seule que doivent être portées les affaires commerciales rentrant dans cette compétence.

§ III. — Compétence pénale

Les juges de paix à compétence étendue connaissent de toutes les contraventions de simple police, comme les juges de paix des villes, et de plus : «1° de toutes les contraventions de la compétence des tribunaux correctionnels qui sont commises ou constatées dans leur ressort ; 2° des infractions aux lois sur la chasse ; 3° de tous les délits n'emportant pas une peine supérieure à celle de six mois d'emprisonnement ou de 500 fr. d'amende.» (Art. 2, § 3).

Ce paragraphe se divisera en 4 parties :

      A.— Lois relatives à l'agriculture,
      B.— Lois sur la chasse,
      C.-- Lois relatives à la protection de l'enfance,
      D.— Lois intéressant l'ordre et l'intérêt publics.

A. — Agriculture

Au nombre de ces lois nous placerons les lois sur :

      1° Les forêts,
      2° L'échenillage,
      3° La police sanitaire des animaux,
      4° Le phylloxera.

1° *Forêts*

Les juges de paix à compétence étendue connaissent des délits n'emportant point une peine supérieure à 6 mois d'emprisonnement et à 500 fr. d'amende, qu'il s'agisse de forêts soumises au régime forestier ou de bois appartenant aux particuliers.

2° *Echenillage*

L'art. 5 de la loi du 24 décembre 1888 porte que les contraventions aux art. 1er et 2 sont punis d'une amende de 6 à 15 fr., qui peut être doublée en cas de récidive; d'où la conséquence que le juge rural seul est compétent pour la prononcer dans ce dernier cas.

3° *Police sanitaire des animaux*

Les juges de paix à compétence étendue peuvent statuer sur les demandes prévues par la loi du 2 août 1884 sur les vices rédhibitoires, ainsi que sur les infractions aux articles 3, 5, 6, 10, 11 et 14 de la loi du 31 juillet 1881, promulguée en Algérie par le décret du 12 novembre 1887.

Seront punis d'un emprisonnement de 6 jours à 2 mois et d'une amende de 16 à 100 fr.:

1° Art. 3: Les propriétaires ou détenteurs d'animaux qui ne se seront pas conformés aux mesures indiquées pour empêcher la propagation de la maladie contagieuse dont leurs animaux sont atteints ou soupçonnés d'être atteints (art. 5) ou n'auront pas tenu compte de l'isolement, séquestration, désinfection ou destructions prescrites par l'autorité.

2° Art. 6 et 10: Ceux qui, en cas de peste bovine ou de péripneumonie, n'auront pas abattu les animaux désignés par le vétérinaire et le préfet,

3° Le propriétaire d'un animal suspect de rage est tenu de l'abattre. (Art. 10).

4° L'exercice de la médecine vétérinaire est interdit à quiconque n'a pas le diplôme de vétérinaire.

Les infractions non spécifiées dans les articles ci-dessus indiqués sont punies d'une amende de 16 à 400 fr. (Art. 47).

En cas de récidive, les peines sont portées au double.

4° *Phylloxera et Doryphora*

La loi du 15 juillet 1878-2 août 1879 a été déclarée applicable à l'Algérie par décrets du 12 juillet 1880 et du 17 juin 1884 :

1° Elle empêche ou restreint l'importation de certaines plantes et de certains objets considérés comme véhicules éventuels du fléau. Les simples contraventions seront punies d'une amende de 50 à 500 fr. et, si elles sont aggravées de quelque manœuvre frauduleuse, outre l'amende, d'un emprisonnement de 1 à 15 mois.

2° Sont punies des mêmes peines les infractions à la même loi qui prescrit pour surveiller le vignoble algérien de détruire le phylloxera partout où il se manifeste, et d'isoler les régions contaminées afin de mettre obstacle à la propagation de l'insecte.

L'indemnité à allouer pour perte des récoltes détruites pour mesure de précaution est fixée par le juge de paix, sans appel jusqu'à la valeur de 100 fr., et à la charge d'appel à quelque valeur que la demande puisse s'élever.

B. — Chasse

L'art. 2 du décret du 19 août 1854 attribue aux juges de paix à compétence étendue la connaissance des infractions aux lois sur la chasse. La loi du 3 mai 1844 est applicable à l'Algérie par le décret du 22 novembre 1850.

C. — Protection de l'Enfance

Cette troisième division contient les lois :
1° Sur le contrat d'apprentissage,
2° Sur les enfants employés dans les professions ambulantes,
3° Sur les nourrissons.

1° *Contrat d'apprentissage*

Les patrons de moins de 21 ans qui ont reçu des apprentis mineurs, les célibataires qui ont logé des filles mineures, et certains condamnés qui ont reçu des apprentis, sont passibles, en cas de récidive (art. 6), d'un emprisonnement de 15 jours à 3 mois, sans préjudice d'une amende qui peut s'élever de 50 à 300 fr.

Les pénalités édictées par l'art. 25 seront également appliquées par le juge de paix à compétence étendue.

Il faut toutefois remarquer que certains prétendent que la loi du 19 mai 1874 n'est pas applicable à l'Algérie faute d'y avoir été promulguée et parce que le territoire algérien ne figure pas dans la nomenclature des circonscriptions assignées par le décret du 15 février 1875 aux inspecteurs créés pour assurer le fonctionnement de la loi.

2° *Enfants employés dans les professions ambulantes*

L'art. 4 de la loi du 20 décembre 1874 porte : «Tout indi-vidu exerçant l'une des professions spécifiées à l'art. 1er de la présente loi (acrobate, saltimbanque, charlatan, montreur d'animaux, directeur de cirque) devra être porteur de l'extrait des actes de naissance des enfants placés sous sa conduite, justifier de leur origine et de leur identité par la production d'un livret ou d'un passeport. Toute infraction à cette disposi-tion sera punie d'un emprisonnement de 1 mois à 6 mois et d'une amende de 16 à 50 fr.»

3° *Nourrissons*
(Loi du 23 décembre 1874, promulguée le 8 février 1876 en Algérie)

Toute personne qui place un enfant en nourrice, en sevrage ou en garde, moyennant salaire, est tenue, sous les peines portées en l'art. 346 du Code Pénal (6 jours à 6 mois d'empri-sonnement, 16 à 300 fr. d'amende), d'en faire la déclaration à la mairie de la commune où a été faite la déclaration de la naissance de l'enfant, et de remettre à la nourrice ou à la gar-dienne un bulletin contenant un extrait de l'acte de naissance de l'enfant qui lui est confié. (Art. 7).

Les peines de l'art. 346 sont également applicables aux nourrices ou gardiens qui ne remplissent pas les formalités exigées par la loi. (Art. 9).

La personne qui a fait une déclaration fausse dans les diffé-rents certificats que les nourrices et gardiens doivent produire encourt la peine portée en l'art. 155 du Code Pénal (1 mois à 6 mois de prison). (Art. 8).

Ouvrir ou diriger un bureau de nourrices, servir d'intermé-diaire pour le placement des nourrissons et des enfants don-nés en sevrage ou en garde, sans autorisation préalable du préfet du département, expose les contrevenants à une amende

de 16 à 100 fr. En cas de récidive, l'emprisonnement de 1 à
5 jours peut être prononcé. Ces mêmes peines sont applicables
aux sages-femmes ou autres intermédiaires qui entreprennent,
sans cette autorisation, de placer des enfants en nourrice, en
sevrage ou en garde.

Ces délits sont punis, en France, par les tribunaux correctionnels ; en Algérie, ils sont de la compétence du juge de paix
à compétence étendue.

D.— **Ordre public**

Nous étudierons ces lois dans l'ordre suivant:
1° Loi sur les étrangers,
2° Sur la police du roulage,
3° Sur les jeux de hasard,
4° Sur les faux poids,
5° Sur le système métrique,
6° Sur l'ivresse publique,
7° Sur les débits de boissons,
8° Sur les douanes,
9° Sur les réquisitions militaires,
10° Sur la pêche du corail,
11° Sur la pêche côtière,
12° Sur l'art de guérir,
13° Sur la presse.

1° *Etrangers*

Le décret du 2 octobre 1888 astreint les étrangers à une
déclaration de séjour et, en vertu de la loi du 3 décembre 1849,
le Gouverneur peut les expulser de la colonie. De plus, art. 8:
«Tout étranger qui se serait soustrait à l'exécution des mesures énoncées dans l'article précédent ou dans l'art. 272 du

Code Pénal, ou qui, après être sorti de France par suite de ces mesures, y serait rentré sans la permission du Gouvernement, sera traduit devant les tribunaux et condamné à un emprisonnement de 1 mois à 6 mois.» L'article 9 autorise les tribunaux à appliquer l'art. 463 du Code Pénal à ces délits. Le juge de paix rural est donc compétent en la matière.

2° *Police du roulage*

Les contraventions commises par les rouliers, charretiers, conducteurs de voitures sont punies par les art. 4 et suivants du décret du 3 novembre 1855. Les juges de paix à compétence étendue connaissent de celles résultant des articles 6, 8 et 10.

Art. 6 : «Sera punie d'une amende de 16 à 200 fr. et d'un emprisonnement de 5 à 10 jours toute contravention aux règlements qui déterminent pour les voitures de ménageries : — les conditions relatives à la solidité et à la stabilité des voitures ; — le mode de chargement, de conduite et d'enrayage des voitures ; — le nombre des personnes qu'elles peuvent porter ; — la police des relais ; — les autres mesures de police à observer par les conducteurs, cochers ou postillons, notamment pour éviter ou dépasser d'autres voitures.»

Aux termes de l'art. 8 : «Tout propriétaire ou conducteur de voiture qui aura fait usage d'une plaque portant soit un nom, soit un domicile faux ou supposé, sera puni d'une amende de 50 à 200 fr., et d'un emprisonnement de 6 jours au moins et de 6 mois au plus. La même peine sera applicable à celui qui, conduisant une voiture dépourvue de plaque, aura déclaré un nom ou un domicile autre que le sien, ou que celui du propriétaire pour le compte duquel la voiture est conduite.»

Art. 10 : « Sera puni d'une amende de 16 à 100 fr., indépendamment de celle qu'il pourra avoir encourue pour toute autre cause, tout voiturier ou conducteur qui, sommé de s'arrêter par l'un des fonctionnaires ou agents chargés de constater les contraventions, aura refusé d'obtempérer à cette sommation et de se soumettre aux vérifications prescrites. »

En cas d'outrage ou de violence envers les fonctionnaires ou agents, il y a lieu à l'application des articles 224 et suivants du Code Pénal. La peine encourue est d'un emprisonnement de 6 jours à 1 mois et une amende de 16 à 200 fr., ou d'un emprisonnement de 15 jours à 3 mois et d'une amende de 16 à 500 fr. lorsque l'outrage est dirigé contre un commandant de la force publique.

S'il ne s'est pas écoulé plus de 24 heures entre la première et la dernière constatation, il n'est prononcé qu'une seule condamnation lorsqu'une même contravention a été constatée à plusieurs reprises.

3° *Jeux de hasard*

En cas de récidive pour la tenue des jeux de hasard, la peine étant un emprisonnement de 6 jours à 1 mois et une amende de 16 à 200 fr., le juge de paix rural est compétent.

4° *Faux poids*

Aux termes de l'article 3 de la loi du 27 mars 1851, sont punis d'une amende de 16 à 25 fr. et d'un emprisonnement de 6 à 10 jours, ou de l'une de ces deux peines seulement, suivant les 'circonstances, ceux qui, sans motifs légitimes, auront dans leurs magasins, boutiques, ateliers ou maisons de commerce, ou dans les halles, foires ou marchés, soit des poids ou mesures faux, ou autres appareils inexacts servant au pesage ou au mesurage.

Le juge de paix rural est donc compétent dans ce cas spécial.

5° *Système métrique*

L'ordonnance du 26 décembre 1842 prescrivit, en Algérie, l'adoption du système métrique. Les infractions prévues sont punies par l'article 479 du Code Pénal. L'article 38 de l'arrêté ministériel du 22 mai 1846, qui est la suite de l'ordonnance, donne compétence au juge de paix rural dans le cas suivant : « Les assujettis sont tenus, sous peine d'une amende de 100 à 200 fr., d'ouvrir leurs magasins, boutiques et ateliers, à toute réquisition des vérificateurs revêtus de leur uniforme et porteurs de leur commission.»

6° *Ivresse publique*

En cas de nouvelle récidive aux dispositions de la loi du 23 janvier 1873, tendant à réprimer l'ivresse publique et à combattre les progrès de l'alcoolisme, les contrevenants sont passibles d'une amende de 16 à 300 fr. et d'un emprisonnement de 6 jours à 1 mois. Le juge de paix à compétence étendue ne sera plus compétent en cas de troisième récidive, puisque l'amende peut être portée à 600 fr.

7° *Débits de boissons*

Le décret du 19 décembre 1851, promulgué le 5 février 1852, en Algérie, est en vigueur à l'égard des étrangers et des indigènes musulmans ; les Français sont soumis à la loi du 17 juillet 1880, promulguée le 5 mai 1881.

Sous peine d'une amende de 16 à 100 fr., les citoyens français ou naturalisés sont astreints à une simple déclaration faite au moins 15 jours à l'avance et par écrit à la mairie de leur commune. La mutation de propriétaire ou de gérant doit être déclarée dans la quinzaine, la translation du débit d'un lieu dans un autre, huit jours à l'avance.

Les mineurs, les interdits, ceux qui ont été condamnés à 1 mois de prison pour vol, recel, escroquerie, filouterie, abus de confiance, recel de malfaiteurs, outrage public à la pudeur, excitation de mineurs à la débauche, tenue d'une maison de jeu, vente de marchandises falsifiées, contravention à la loi sur l'ivresse, ne peuvent exploiter un débit de boissons sous peine d'une amende de 16 à 200 fr. et, en cas de récidive, d'une amende double et d'un emprisonnement de 6 jours à 1 mois.

L'autorisation municipale suffit à ceux qui établissent un café pendant une foire ou une fête, mais sans cette autorisation le contrevenant est passible d'une amende de 16 à 100 fr. et l'établissement est immédiatement fermé.

Le décret du 29 décembre 1851 soumet les étrangers et les indigènes à un traitement plus dur en cette matière. Ils ne peuvent ouvrir aucun café, cabaret ou débit de boissons avant d'avoir obtenu l'autorisation de l'autorité administrative.

La fermeture de ces établissements peut toujours être ordonnée par arrêté du préfet, soit après une contravention aux lois et règlements qui concernent cette profession, soit même par mesure de sûreté générale.

Tout individu qui ouvre sans autorisation, ou après avis de fermeture, un café, cabaret ou débit, est puni d'une amende de 25 à 500 fr. et d'un emprisonnement de 6 jours à 6 mois, sans préjudice de la fermeture immédiate de l'établissement.

L'autorisation est personnelle et elle doit être renouvelée en cas de cession ou de mutation d'emplacement.

8° *Douanes*

Les juges de paix, sans distinction, sont compétents à l'égard de tous les contrevenants européens ou indigènes, civils ou militaires, sauf les indigènes du territoire de commandement. Les juges de paix à compétence étendue sont compétents, dans les limites du décret du 19 août 1854, pour la répression des délits.

Ils connaissent : 1° de toute introduction frauduleuse par terre ou par mer d'objets prohibés tarifés à 20 fr. et plus par 100 kilogr. ou soumis à des taxes de consommation intérieure, ou dont la prohibition a été remplacée par des droits postérieurement à la loi du 24 mai 1834, cette infraction étant punie, outre la confiscation des marchandises et des moyens de transport, d'une amende égale à la valeur des objets introduits en fraude (sans pouvoir être inférieure à 500 fr., et d'un emprisonnement de 3 jours à 1 mois) ; 2° de toute importation sans déclaration de marchandises prohibées, à quelque titre que ce soit ; 3° de toute exportation en contrebande de chiens de forte race par une réunion de moins de trois individus, la peine étant la même que ci-dessus ; 4° de tout entrepôt dans les lieux dont la population agglomérée est de moins de 2.000 habitants, et en l'absence d'expéditions valables d'extraction, de marchandises de la classe de celles qui sont prohibées à l'entrée ou qui sont imposées à 20 fr. et plus par 100 kilogr., ou dont la prohibition a été remplacée par des droits postérieurement à la loi du 24 mai 1834, la peine étant encore la même ; 5° de toute soustraction de marchandises, pendant la durée de l'entrepôt réel ou non, par toute autre cause que la force majeure, quand il s'agit des marchandises visées aux numéros précédents, les peines étant encore les mêmes.

9° *Réquisitions militaires*

Quand l'autorité militaire, se livrant à des vérifications, découvre des denrées qui lui ont été refusées comme inexistantes, elle peut s'en emparer, même de force, et elle signale le fait à l'autorité judiciaire, qui n'est autre que le juge de paix, là où le Tribunal civil n'a pas son siège. (Art. 37).

10° *Pêche du corail*

Le décret du 22 novembre 1883 réglemente la pêche du corail en Algérie. Les pêcheurs ne peuvent employer d'autre engin que celui qui consiste en une croix de bois, garnie de filets de chanvre et munie, à son centre, d'un poids suffisant pour la faire descendre au fond ; les bras de cette croix ne doivent porter aucune armature métallique, de quelque forme qu'elle puisse être : les instruments en fer ou en métal sont prohibés.

Ceux qui fabriquent et mettent en vente des engins ou parties d'engins prohibés auront leurs engins saisis ou détruits ; le corail pêché sera également saisi et ils seront passibles des mêmes peines que celles édictées par l'article précédent, c'est-à-dire d'une amende de 25 à 125 fr. ou d'un emprisonnement de 5 à 20 jours. En cas de récidive (et il y a récidive si dans les deux ans le contrevenant a subi une condamnation), le contrevenant est condamné au maximum de l'amende et de l'emprisonnement, et ce maximum peut être porté au double. L'action se prescrit par trois mois.

11° *Pêche côtière*

Elle est réglementée par le décret du 9 janvier 1852. Est puni d'une amende de 50 à 250 fr. et d'un emprisonnement de 6 jours à 1 mois : 1° quiconque forme, sans autorisation, un établissement de pêcherie, de parc à huîtres ou à moules, ou de dépôt de coquillage, de quelque nature qu'il soit ; 2° quiconque se sert d'appâts prohibés ; 3° quiconque, dans l'établissement ou l'exploitation des pêcheries, parcs, ou dépôt autorisés, contrevient aux conditions d'établissement des pêcheries.

Est puni d'une amende de 25 à 125 fr., ou d'un empri-

sonnement de 3 à 20 jours, celui qui a fabriqué ou vendu
des engins de pêche prohibés ; qui a contrevenu aux règlements pour empêcher la destruction du frai et assurer la reproduction du poisson ; fait usage d'un mode de pêche pro-
hibé, ou vendu, transporté, ou employé à un usage quelconque le frai ou le poisson assimilé au frai. La peine est double
si le transport a eu lieu par bateaux, voitures, ou bêtes de
somme.

Est puni d'un emprisonnement de 2 à 10 jours, et d'une
amende de 5 à 100 fr., quiconque se livre à la pêche pendant les temps, saisons et heures prohibés, ou en dedans des
limites prohibées ; a contrevenu aux prescriptions relatives à
la pêche en flotte ; a refusé de laisser opérer les visites requises par les agents chargés de rechercher les contraventions.

Sont punies d'une amende de 2 à 50 fr. ou d'un emprisonnement de 1 à 5 jours toutes autres contraventions aux règlements.

En vertu de la loi du 1ᵉʳ mars 1888 qui interdit la pêche
aux étrangers dans les eaux de l'Algérie, les juges de paix à
compétence étendue prononcent une amende de 16 fr. au
moins et de 250 fr. au plus contre le patron d'un bateau dont
les équipages pêchent dans les eaux françaises.

12° *Art de guérir*

Le juge de paix à compétence étendue est compétent pour
prononcer l'amende contre ceux qui, contrairement au décret
du 12 juillet 1851, n'ont pas déposé leurs diplômes et contre ceux qui ont usurpé le grade d'officier de santé. Dans ce
dernier cas, l'amende est de 500 fr.

Les pharmaciens et herboristes sont soumis au dépôt du
diplôme, et les pharmaciens qui contreviennent au décret du
1ᵉʳ juillet 1845 encourent une amende de 100 à 300 fr. et
un emprisonnement de 6 jours à 2 mois.

13° *Loi sur la presse*

En tant que juge correctionnel, le juge de paix à compétence étendue connaît, en matière de presse, des espèces suivantes :

Art. 3 : Au moment de la publication de tout imprimé, il doit en être fait par l'imprimeur, sous peine d'une amende de 16 à 300 fr., un dépôt de deux exemplaires destinés aux collections nationales. Ce dépôt est fait à la préfecture, à la sous-préfecture ou à la mairie. Le nombre de ces exemplaires est de 3 s'il s'agit d'estampes, de musique et, en général, de reproductions autres que les imprimés. (Art. 4).

D'après les art. 6, 7 et 9, tout journal ou écrit périodique doit avoir un gérant français, majeur, jouissant de ses droits civils et civiques ; avant la publication de tout journal ou écrit périodique, il est fait au parquet une déclaration contenant le titre, le mode de publication, le nom et la demeure du gérant, l'indication de l'imprimerie ; toute mutation doit être déclarée dans les cinq jours qui suivront. Ces déclarations sont écrites, sur papier timbré, et signées des gérants ; récépissé en est donné. Le propriétaire, le gérant ou, à défaut, l'imprimeur sont punis d'une amende de 50 à 500 fr. en cas de contravention à ces dispositions. Le journal ou écrit périodique ne peut continuer sa publication qu'après avoir rempli ces formalités, à peine d'une amende de 100 fr. si la publication irrégulière continue, prononcée solidairement contre les mêmes personnes pour chaque numéro publié à partir du jour du prononcé du jugement de condamnation si ce jugement est contradictoire, et du troisième jour qui suit sa notification s'il est rendu par défaut, et ce, nonobstant opposition ou appel si l'exécution provisoire est ordonnée. Au moment de la publication de chaque feuille ou livraison du journal ou écrit périodique, il est remis au parquet ou à la mairie, dans les localités où il n'y a pas de tribunal de première instance, deux exemplaires signés du gérant. Pareil dépôt est fait à la préfecture, à la sous-préfecture ou à la mairie, sous peine de 50 fr. d'amende contre le gérant.

Art. 11 : Le nom du gérant doit être imprimé au bas de tous les exemplaires, à peine contre l'imprimeur de 16 à 100 fr. d'amende par chaque numéro.

Art. 13 : Le gérant est tenu d'insérer, dans les trois jours de leur réception, ou dans le plus prochain numéro, s'il n'en est pas publié avant l'expiration des trois jours, les réponses de toute personne nommée ou désignée dans le journal ou écrit périodique, sous peine d'une amende de 16 à 100 fr., sans préjudice des autres peines et dommages-intérêts auxquels l'article peut donner lieu. Cette réponse doit être faite à la même place et en même caractère que l'article qui l'aura provoquée. Elle est gratuite lorsqu'elle ne dépasse pas le double de la longueur dudit article ; si elle le dépasse, le prix d'insertion ne sera dû que pour le surplus, au tarif des annonces judiciaires.

La circulation en France des journaux ou écrits périodiques étrangers ne peut être interdite que par une décision spéciale du Conseil des Ministres ; la circulation d'un numéro isolé peut être interdite par une décision du Ministre de l'Intérieur ; la mise en vente ou la distribution, faite sciemment au mépris de l'interdiction, est punie d'une amende de 50 à 500 fr. (Art. 14).

La lacération ou l'altération d'affiches administratives par un fonctionnaire public est punie d'une amende de 16 à 100 fr. et d'un emprisonnement de 6 jours à 1 mois, ou de l'une de ces peines seulement. La même peine est encourue pour la lacération ou l'altération d'affiches électorales par un fonctionnaire public, à moins que les affiches n'aient été apposées sur les emplacements réservés aux actes de l'autorité publique. (Art. 17, 2 et 4.)

L'injure commise envers les particuliers par l'un des moyens énoncés par les art. 23 et 28 (discours, cris, menaces proférés dans les réunions ou lieux publics, écrits ou imprimés vendus ou distribués, placards ou affiches, dessins, peintures, emblèmes, images), lorsqu'elle n'aura pas été précédée de provocation, est punie d'un emprisonnement de 5 jours à 2 mois et d'une amende de 16 à 300 fr., ou de l'une de ces deux peines seulement. (Art. 33.)

Il n'y a pas d'aggravation pour récidive. En cas de plusieurs délits, les peines ne se cumulent pas : la plus forte est seule prononcée. (Art. 63.)

Sont passibles, comme auteurs principaux, des peines qui répriment les délits de presse, dans l'ordre ci-après : 1° les gérants ou éditeurs; à leur défaut, 2° les auteurs; 3° à défaut des auteurs, les imprimeurs ; 4° à défaut de ceux-ci, les vendeurs, distributeurs ou afficheurs. (Art. 42.)

§ IV: — Attributions présidentielles

«Les juges de paix à compétence étendue exercent, en outre, les fonctions de présidents de tribunaux de première instance, comme juges de référé, en toutes matières, et peuvent, comme eux, ordonner toutes mesures conservatoires. »

Le Code de Procédure civile indique plusieurs cas où les parties peuvent se pourvoir en référé devant le président du tribunal (606, 607, 661, 786, 829, 843, 845, 852, 921, 944, 948). Mais l'article 806 contient une disposition générale qui régit toute cette matière. Cet article permet de se pourvoir en référé dans tous les cas d'urgence, ou lorsqu'il s'agira de statuer provisoirement sur les difficultés relatives à l'exécution d'un titre exécutoire ou d'un jugement.

Il doit y avoir: 1° *urgence*. La loi ne détermine nulle part les caractères de l'urgence ; on peut dire qu'il y a urgence dès qu'une partie est exposée à un préjudice imminent, qui pourrait être irréparable, telles que : contestations élevées entre propriétaires et locataires à l'occasion d'enseignes, d'écriteaux à placer après congé, de lieux à visiter ; — renvoi d'un employé ; — étayement d'un édifice menaçant ruine.

2° Difficultés relatives à l'exécution des titres exécutoires ou des jugements. — Le porteur d'un titre exécutoire peut, en justifiant de la légitimité de ses poursuites, en obtenir promptement la continuation. De même, l'opposition aux poursuites est accueillie par le juge des référés lorsqu'elle est fondée sur des motifs sérieux.

Mais, dans tous les cas, l'ordonnance sur référé ne doit faire aucun préjudice au principal, ne doit pas statuer sur le fond du droit. Le juge doit s'abstenir de toute décision qui empiéterait sur les attributions du tribunal. Ainsi, il ne peut accorder de délai au débiteur qui n'en a point obtenu, apprécier la solvabilité d'une caution, etc.

Il est, en outre, de l'essence des décisions rendues en référé d'être provisoires ; la partie qui se croit lésée par l'ordonnance a le droit de demander aux juges ordinaires la solution définitive de la question provisoirement résolue en référé.

La manière d'introduire le référé varie avec le degré d'urgence que présente l'affaire.

1° L'urgence n'est-elle qu'ordinaire, le défendeur est assigné à comparaître à l'audience des référés. (Art. 807 C. de Proc.).

2° L'urgence peut être telle qu'il y aurait péril à attendre le jour de l'audience ; dans ce cas, le président pourra permettre

d'assigner, soit à l'audience, soit à son hôtel, à heure indi-
quée, même les jours de fête, et, dans ce cas, l'assignation
ne pourra être donnée qu'en vertu de l'ordonnance du juge,
qui commettra un huissier à cet effet.

3° L'affaire peut être encore plus pressante. Alors l'assignation n'est pas même exigée. Le référé est introduit par une
réquisition mentionnée sur le procès-verbal de l'huissier qui
dirigeait l'exécution.

Quelquefois le juge de paix a un pouvoir beaucoup plus
étendu que le président du tribunal civil. Ainsi, il est incompétent pour ordonner une expertise, pour constater et évaluer
des dommages causés aux champs par des animaux, parce
que la matière appartient, en principal, au juge de paix. Il en
est de même en matière commerciale dans les limites de
l'art. 2 du décret du 19 août 1854 et en matière forestière.

§ V. — POLICE JUDICIAIRE

La police judiciaire est une des attributions les plus importantes du juge de paix à compétence étendue. Il est, dans son
canton, l'auxiliaire du procureur de la République et du juge
d'instruction.

Après avoir averti le parquet par un télégramme, il procé-
dera aux formalités de l'enquête et, toutes les mesures prises
pour assurer la découverte du crime, il transmettra son dos-
sier au procureur.

Les administrateurs des communes mixtes remplissent aussi
les fonctions d'officiers de police judiciaire.

CHAPITRE III

DES JUGES DE PAIX EN MATIÈRE MUSULMANE

Après la conquête, on laissa aux musulmans leurs lois et leurs juges. Les formes de la procédure étaient très simples et rappelaient les procédés des XII Tables. Mais il ne tarda pas à s'élever des plaintes contre la vénalité des juges et contre une loi fermée à tous progrès.

L'ordonnance du 28 février 1841 supprima complètement la compétence criminelle des juges musulmans (art. 38) et les décisions du juge musulman furent soumises à l'appel devant la Cour d'Alger.

Le décret du 1ᵉʳ octobre 1854 rendit à la justice musulmane son indépendance, ses décisions n'étaient plus contrôlées en appel par les tribunaux français.

Le cadi juge en premier ressort toutes affaires civiles et commerciales, y compris les questions d'État entre indigènes musulmans. En dernier ressort, quand la demande n'excède pas 200 fr.

En appel, les contestations entre musulmans sont soumises, non plus à des juges français, mais au midjelès, lequel cesse d'être un conseil consultatif pour devenir un tribunal d'appel (1).

---

(1) Charpentier, p. 79,

Le décret du 21 déc. 1859 rétablit le droit d'appel devant la magistrature française.

Ce n'était plus la Cour seule qui était désignée pour reviser les sentences des cadis, les tribunaux d'arrondissement étaient investis du même pouvoir dans les limites de leur compétence spéciale.

Les cadis connaissent alors de toutes les affaires civiles et commerciales entre musulmans, ainsi que des questions d'État (art. 17, Déc. de 1859).

En dernier ressort, des actions personnelles et mobilières jusqu'à 200 fr., et des actions immobilières jusqu'à 20 fr. de revenu, déterminé en rente ou par prix de bail. (Art 18).

Le décret du 13 déc. 1866 associa, pour la première fois, les juges de paix à l'œuvre civilisatrice de la justice musulmane.

Les justiciables peuvent, d'un commun accord, porter leurs contestations devant eux.

On fit un pas de plus; le décret du 10 sept. 1886 et celui du 17 avril 1889 firent du juge de paix le juge de droit commun, et du cadi le juge d'exception.

Ces décrets soulevèrent de fortes critiques et de grandes récriminations. La procédure d'appel était trop compliquée et trop coûteuse pour un peuple habitué à une justice rapide et gratuite. Aussi, le décret du 25 mai 1892 a simplifié les formes de la procédure d'appel: La conférence est rétablie, les parties seront entendues, avant l'audience, sans frais, par un des magistrats appelés à les juger. Le rapport du juge commis tiendra lieu de conclusions.

Le cadi a compétence pour tout ce qui concerne le statut personnel et les successions, sauf accord contraire des parties.

Le juge de paix connaît de tout le reste : actions civiles, commerciales, mobilières ou immobilières, en dernier ressort lorsque la valeur du litige n'excède pas 500 fr. de principal, en premier ressort lorsqu'elle excède ce taux, et toujours en premier ressort lorsqu'il s'agit de la compétence qui leur est attribuée par l'accord des parties. (Art. 26 et 7).

Les parties peuvent, d'un commun accord, saisir le juge de paix de tous les litiges réservés à la juridiction du cadi. (Art. 7).

Quelle loi appliquera le juge de paix ?

Lorsque les musulmans peuvent choisir leur juge, ils peuvent aussi choisir leur loi.

La loi leur est imposée en toute matière autre que leur statut personnel, leurs successions et ceux de leurs immeubles qui ne sont pas francisés ; c'est la loi française appliquée par le juge français. Il en est de même pour la répression des crimes, délits et contraventions. (Décret du 17 avril 1889, art. 2).

Lorsque les parties se présentent devant le juge de paix pour une contestation relative au statut personnel et aux successions, le juge applique la loi musulmane ; il n'appliquera la loi française que si les parties renoncent à leur loi. (Art. 7).

Dans les contestations entre musulmans, les juges de paix sont saisis par la comparution volontaire des parties ou par un avertissement délivré à la requête du demandeur, qui indique le jour de l'audience où l'affaire sera appelée. (Art. 28). Les parties comparaissent en personne ; en cas d'empêchement, elles peuvent se faire représenter. Si elles se présentent, le jugement est rendu, à moins que le juge n'ait des raisons pour renvoyer le jugement à une prochaine audience. (Art. 30).

Si le demandeur ne se présente pas, le juge prononce la radiation de l'affaire ; si le défendeur fait défaut, le juge prend connaissance de l'affaire, déboute le demandeur si sa demande ne lui paraît pas fondée, et indique une audience ultérieure si elle lui paraît nécessiter un débat contradictoire.

Un nouvel avertissement est envoyé à la partie défaillante. (Art. 31). Si la partie ne paraît pas à cette audience, le jugement rendu n'est pas susceptible d'opposition. (Art. 32).

Les minutes des jugements sont rédigées conformément à la loi française et affranchies des droits de timbre et d'enregistrement. (Art. 34). Les frais de l'instance sont évalués par le juge, avancés par le demandeur au greffier. (Art. 35). Les jugements sont exécutés, selon les règles de la loi musulmane, par les soins des cadis et des cadis-notaires ou des bachadels, et, à défaut, par décision spéciale du juge de paix, rendue d'office ou sur la demande des parties.

Il faut remarquer qu'en matière musulmane, il n'y a aucune distinction à faire entre les juges de paix à compétence restreinte et ceux à compétence étendue.

CHAPITRE IV

§ I. — DES JUGES DE PAIX EN MATIÈRE KABYLE

———

Jusqu'à l'insurrection de 1871, les Kabiles étaient administrés et jugés par leurs *djemaâs* ou assemblées locales.

Devant la djemaa, la procédure était très simple, le président assurait l'ordre des discussions.

Quand le jugement était rendu, sans frais d'ailleurs, le secrétaire l'inscrivait ; il n'y avait pas d'appel.

Le décret du 10 mars 1873 créa deux tribunaux de première instance à Tizi-Ouzou et à Bougie, et cinq justices de paix.

Leur compétence varie selon que les justiciables sont : 1° Européens ; 2° tous deux Kabyles ou Arabes ; 3° l'un Kabyle, l'autre Arabe ou réciproquement.

Elle est déterminée par le décret du 29 août 1874, modifié par celui du 10 octobre de la même année et par celui du 13 décembre 1879.

1° *Les deux parties sont Européens.* — Le juge de paix applique la loi française. A Tizi-Ouzou et à Bougie, leur compétence est celle des juges de paix à compétence restreinte. (Art. 1er). Les autres juges de paix connaissent : 1° des matières attribuées aux juges de paix français par la loi de 1838 en premier ressort, et en dernier ressort jusqu'à 500 fr. ; 2° des actions purement personnelles et mobilières, civiles ou commerciales, dans les limites fixées aux juges de paix à compétence étendue.

Ils exercent en outre : 1° les fonctions de président des tribunaux de première instance, comme juges des référés ; 2° toutes les attributions conférées par la loi française au président du tribunal en ce qui concerne l'exequatur à donner aux sentences arbitrales. (Art. 4 et 6).

2° *Les parties sont deux Kabyles ou deux Arabes.* — Les juges de paix, y compris ceux de Tizi-Ouzou et de Bougie, connaissent, en premier ressort : 1° des matières religieuses ou questions d'État ; — 2° des actions personnelles ou mobilières, civiles ou commerciales, à quelque taux que la demande s'élève ; — 3° des actions immobilières jusqu'à 60 fr. de revenu.

En dernier ressort : Des actions personnelles et mobilières jusqu'à la valeur de 200 fr. (Décret de 1879, art. 3) ; — des actions immobilières jusqu'à 20 fr. de revenu. En cas d'arbitrage, le juge de paix compétent désigne le tiers-arbitre.

3° *Un Kabyle plaide contre un Arabe ou réciproquement.* — L'art. 3 du décret règle cette situation : «Entre indigènes arabes ou kabyles, ou musulmans étrangers, soumis à des lois différentes quant à l'objet de la convention ou de la contestation, la loi applicable sera, en matière réelle, celle du lieu de la situation de l'immeuble, et en matière personnelle et mobilière, celle du lieu où s'est formé le contrat, ou, à défaut de convention, la loi du lieu où s'est accompli le fait qui a donné naissance à l'obligation. Si les parties ont indiqué, lors du contrat, à quelle loi elles entendaient se soumettre, cette loi sera applicable.» Et l'art. 2 décide : «Le droit musulman ou kabyle continue à régir les conventions civiles ou commerciales entre indigènes arabes, ou kabyles, ou musulmans étrangers, ainsi que les questions religieuses ou d'État, sauf les modifications qui ont pu ou pourront y être apportées. Toutefois, la déclaration faite par les parties, lors de la convention, ou depuis, qu'elles entendent se soumettre à la loi française, entraîne l'application de cette loi.»

Entre Européens et Kabyles, ou musulmans, c'est toujours la loi française qui est applicable.

La procédure à suivre est, pour les litiges entre Européens, entre Européens et Indigènes, celle du Code de Procédure et de la loi de 1838.

En matière indigène, l'art. 6 du décret du 29 août 1874 fixe celle du décret du 13 décembre 1866, abrogée par le décret du 17 avril 1889 qui est la procédure prescrite aux juges de paix en matière musulmane.

§ II. — JUSTICES DE PAIX A COMPÉTENCE SPÉCIALE

Les justices de paix de Bouïra, de Palestro, d'Aïn-Bessem, de Mansoura, situées en pays à la fois arabe et kabyle, sont dans une situation particulière. A cause de cette situation, on leur avait attribué une compétence fort compliquée : le décret du 25 mars 1879 l'a fait disparaître. Depuis cette époque, en droit commun, le juge de paix a la compétence étendue.

En matière kabyle ou en matière musulmane, il n'y a plus de distinction, et c'est le décret du 17 avril 1889, qui réorganise la justice musulmane, qui doit s'appliquer dans tous les cas.

§ III.— JUGES DE PAIX DANS LA RÉGION SAHARIENNE

Dans les communes de plein exercice, tous les habitants, sans distinction de nationalité, sont justiciables des juges de paix.

Dans les territoires de commandement, le Conseil de guerre est seul compétent pour connaître des crimes et délits commis par les indigènes. Les Européens et les israélites sont déférés aux tribunaux de droit commun.

Au civil, les indigènes résidant en territoire militaire ont pour juge de droit commun le cadi. Si les parties le désirent, elles peuvent s'adresser au juge de paix, qui aura même compétence que le cadi. Il connaît, en premier ressort, de toutes les affaires civiles, commerciales et d'État ; en dernier ressort, des actions personnelles et mobilières jusqu'à 200 fr., et des actions immobilières jusqu'à 20 fr. de revenu. Le décret du 8 janvier 1870, maintenu par celui du 6 mars 1891, règle cette compétence.

Dans l'extrême Sud, les officiers de l'armée remplissent les fonctions de juges de paix pour les Européens qui habitent ces contrées éloignées.

TITRE II

TUNISIE

———

Les justices de paix ont été organisées par la loi du 27 mars 1883. Elles sont régulières ou provisoires.

Parmi ces premières, il y a des audiences foraines tenues : 1° à Béja et à Medjez-el-Bab par le juge de paix de Souk-el-Arba; 2° à Nabeul, par celui de Gombalia ; 3° à Monastir et à Mahdia, par celui de Sousse.

Le décret du 19 février 1891 a subdivisé en deux circonscriptions la justice de paix de Tunis : Tunis-Nord et Tunis-Sud.

«Depuis lors, dit M. de Pougnadoresse (1), la justice de paix de La Goulette se trouve dans une situation spéciale. Il serait faux de dire que le juge de paix de Tunis-Nord se rend à ·La Goulette pour y tenir une audience foraine. En créant une deuxième justice de paix à Tunis, on s'est contenté de supprimer le personnel de la justice de paix de La Goulette sans faire disparaître la juridiction elle-même. Cette solution résulte de l'art. 4 du décret de 1891, qui détermine le ressort de La Goulette, et de l'art. 6 du même texte, qui porte que le juge de paix de Tunis-Nord tient ses audiences, soit à Tunis, soit à La Goulette.»

———

(1) Pougnadoresse. — La Justice française en Tunisie, pag. 30.

Les six justices de paix provisoires sont gérées : 3 par des capitaines de l'armée française : Aïn-Draham, Tozeur, Gafsa ; 3 par des contrôleurs civils : Maktar, Kairouan et Djerba.

Le décret du 29 octobre 1887 règle leur constitution spéciale. — Art. 1ᵉʳ : Elles sont confiées au contrôleur civil, ou, à son défaut, au contrôleur civil adjoint, ou à un officier de la garnison désigné par le général commandant la brigade d'occupation. Les fonctions du ministère public y sont remplies par le commandant de la brigade ou le chef de poste de la gendarmerie ; celles de greffier et d'huissier, par le secrétaire du contrôle civil ou, à défaut, par un sous-officier désigné par le commandant militaire du territoire. (Art. 2).

Dans l'étendue de leur ressort, les fonctionnaires exerçant les attributions de juge de paix sont officiers de police judiciaire. (Art. 4).

COMPÉTENCE

Les juges de paix exercent, en matière civile, la compétence étendue, déterminée en Algérie par le décret du 19 août 1854. Toutefois, les juges de paix siégeant dans les villes où il y a un tribunal de première instance n'ont cette compétence étendue que pour les actions personnelles et mobilières, en matière civile et commerciale ; pour le surplus, ils exercent la compétence ordinaire, telle qu'elle est déterminée par les lois et décrets en vigueur en Algérie. (Loi du 27 mars 1883, art. 3).

Cette disposition a fait naître une grave difficulté. Le décret du 19 août 1854 donne aux juges de paix qui ne siègent pas dans les chefs-lieux d'arrondissement le droit de statuer en référé ; l'art. 3 de la loi du 27 mars 1883 paraît le donner même aux juges de paix qui siègent dans les villes qui ont un tribunal de première instance. Comment interpréter ces deux textes ? La pratique décide que le juge de paix est incompétent lorsqu'il siège dans les villes qui ont un tribunal de première instance. (Justice de paix de Tunis-Nord, 4 octobre 1894.)

Comme en Algérie, d'ailleurs, on se demande s'il faut appliquer le décret de 1854 ou la loi de 1838 dans les cas où la compétence est tantôt plus étroite, tantôt plus large que celle du décret.

Le tribunal de Tunis a décidé que la détermination du ressort doit être faite uniquement par l'application du décret de 1854 (Tunis, 23 avril 1884; 13 mai 1885; Tunis, 1ʳᵉ ch., 26 décembre 1888; 8 mai 1893; 22 octobre 1893; 11 décembre 1893). Il a, au contraire, admis l'application de l'art. 5 de la loi de 1838 pour les exceptions opposées aux demandes de réparation de dommages aux champs (Tunis, 1ʳᵉ ch., 6 juin 1888; 7 mars 1892) et de l'art. 8 de la même loi sur les demandes reconventionnelles (Tunis, 1ʳᵉ ch., 16 mai 1891; 25 juin 1892; 17 avril 1893). Cependant, la tendance de la jurisprudence est que la loi doit être interprétée dans un sens favorable à la compétence, en tant qu'elle s'exerce à charge d'appel.

Quant à l'enzel, sorte de bail perpétuel, en considérant qu'il ne s'agit pas là d'un bail ordinaire, on a décidé que les juges de paix étaient incompétents pour en prononcer la résiliation. (Tunis, 2ᵐᵉ ch., 19 décembre 1889; 13 novembre 1890; — Tunis, 1ʳᵉ ch., 25 avril 1892).

Il a été jugé ainsi que le juge de paix est incompétent en matière de servitudes et qu'il ne peut connaître en dernier ressort des actions possessoires (1).

_____

(1) Tunis, 26 mai 1886.

Compétence commerciale

Il n'y a pas, en Tunisie, de tribunaux de commerce.

La conférence consultative a examiné plusieurs fois la question. Dans la séance du 3 mai 1897, des opinions différentes se sont produites. M. Poublon demandait la création de tribunaux de commerce comme en France ; M. Gandiani proposait l'adjonction d'assesseurs commerciaux au tribunal de première instance jugeant commercialement ; enfin la conférence s'est arrêtée au système appliqué par l'Allemagne dans les tribunaux des échevins. Le tribunal se composerait de commerçants élus, sous la présidence d'un magistrat.

Le juge de paix a une compétence identique en matière civile et en matière commerciale.

On a soutenu que lorsque le juge de paix statue en matière commerciale, il est un juge consulaire, et que, par suite, il doit appliquer la procédure du Code de Commerce.

La jurisprudence a repoussé cette opinion (1), et l'art. 641 du Code de Commerce, qui ordonne d'appliquer la procédure commerciale par les tribunaux civils jugeant commercialement, ne dit rien à l'égard des juges de paix.

Justice répressive

Les juges de paix ont, en Tunisie, la compétence fixée par le décret du 19 août 1854, art. 2.

Dans le cas où le taux de la peine édictée par la loi est indéterminé, le juge de paix pourra-t-il se déclarer compétent ? Par exemple, d'après l'art. 17 du déc. beylical du 15 décembre

---

(1) Tunis, 1re chambre, 10 décembre 1890 ; 16 juillet 1894 ; 2 février 1895.

1896 sur la police rurale, quiconque aura abattu un ou plusieurs arbres, qu'il savait appartenir à autrui, sera puni d'un emprisonnement de 6 jours à 6 mois, à raison de chaque arbre. Lorsqu'il résultera de l'inculpation que l'emprisonnement ne pourra être supérieur à 6 mois, ou l'amende supérieure à 500 fr., le juge de paix sera compétent.

Si à ces deux peines principales (6 mois de prison et 500 fr. d'amende) viennent se joindre des pénalités accessoires, le juge de paix doit se déclarer incompétent.

COMPÉTENCE ADMINISTRATIVE

«La compétence administrative de nos tribunaux de Tunisie, dit M. de Pougnadoresse dans son travail sur la Justice française en Tunisie (1), constitue une des particularités les plus originales du fonctionnement de notre justice dans la Régence».

C'est par un décret beylical du 27 novembre 1888 que la connaissance du contentieux administratif a été reconnue, d'une manière générale, à nos tribunaux.

L'article premier stipule que nos diverses juridictions françaises connaîtront «de toutes les instances tendant à faire déclarer l'administration débitrice, soit à raison de l'inexécution des marchés conclus par elle, soit à raison des travaux qu'elle a ordonnés, soit à raison de tout acte de sa part ayant, sans droit, porté préjudice à autrui.

De la combinaison de l'art. 1er et de l'art. 5, il résulte que les juges de paix connaissent des affaires administratives jusqu'à 1.000 fr. Le juge de paix de Tunis-Nord a rendu, le 2 janvier 1896, un jugement en ce sens (2).

En matière administrative, les affaires sont réputées sommaires et instruites comme telles.

(1) Pages 176 et suiv.
(2) Journal des Tribunaux tunisiens 1896, p. 142.

TITRE III

COLONIES

A la Guadeloupe, la Martinique et la Réunion, il y a dans chaque canton un juge de paix assisté d'un ou de deux suppléants.

Les tribunaux de paix connaissent, comme en France, des actions civiles, personnelles et mobilières sans appel jusqu'à 250 fr., et sauf appel jusqu'à 500 fr., pour les actions indiquées dans l'art. 10 de la loi du 25 mai 1838 ; et en dernier ressort jusqu'à 250 fr. pour les actions des art. 2 à 5 de la même loi (1).

En matière commerciale, les juges de paix statuent sans appel jusqu'à 250 fr. à la Réunion ; jusqu'à 150 fr. aux Antilles. Ils jugent en premier ressort jusqu'à 500 fr. à la Réunion, jusqu'à 300 fr. aux Antilles. (Décret du 16 août 1854).

En matière de simple police, les condamnations peuvent s'élever à 15 jours de prison et à 100 fr. d'amende. (Loi du 8 janvier 1877, art. 5).

---

(1) Décrets du 16 août 1854 et du 15 avril 1890.

SOUDAN

Le décret du 15 mai 1889 a créé une justice de paix à compétence étendue à Kayes ; l'appel est porté devant le tribunal de première instance de Saint-Louis.

GUINÉE SEPTENTRIONALE

Le décret du 11 mai 1892 a créé des justices de paix à compétence étendue à Konakry, Grand-Bassam et Porto-Novo.

GUINÉE MÉRIDIONALE

Des justices de paix sont établies à Lambaréné, Franceville, Brazzaville et Loango. Les chefs de ces postes remplissent les fonctions de juge de paix. (Décret du 8 nov. 1889).

Le Gouverneur peut autoriser la tenue d'audiences foraines.

OBOCK

Il y a à Obock et à Djiboukie (1) une justice de paix à compétence étendue, dont les fonctions sont remplies par le chef des services administratifs ou par un officier.

INDE

Les tribunaux de paix de Pondichery et Karikal ont la même compétence que ceux de la métropole. (Décret du

---

(1) Décret du 4 septembre 1894,

31 mai 1873). Mais ceux de Mahé, Yanaon et Chandernagor sont à compétence étendue. (Décret des 1er mars 1879, 28 juillet 1887 et 31 mai 1890).

NOUVELLE-CALÉDONIE

Quatre justices de paix : à Nouméa, Bourail, Calana et Chepenché, qui sont, sauf la première, à compétence étendue.

Ces magistrats exercent les fonctions particulières des présidents des tribunaux de première instance et connaissent de toutes les actions personnelles et mobilières, en matière civile ou commerciale, jusqu'à 1.000 fr. en premier ressort, et 500 fr. en dernier, et des délits correctionnels n'emportant pas une peine supérieure à 6 mois d'emprisonnement ou à 500 fr. d'amende. L'appel est porté devant le tribunal de première instance de Nouméa.

Tous les juges de paix tiennent des audiences foraines, chaque mois, dans les différentes parties de la Colonie.

GUYANE

Trois justices de paix à compétence ordinaire : Cayenne, Approuague, Sinnamari. Autrefois elles étaient plus nombreuses ; on a réduit leur nombre en organisant des audiences foraines.

Il faut y ajouter un juge de paix à compétence étendue dans le territoire pénitencier de Saint-Laurent-du-Maroni.

ÉTABLISSEMENTS FRANÇAIS DE L'OCÉANIE

L'organisation judiciaire remonte au décret du 18 août 1868, modifié par ceux du 17 juillet 1880 et du 23 janvier 1892.

Il y a des tribunaux de paix à compétence étendue à Taravo (district de Tahiti), à Papetoai (Morea), à Rikitea (Gambier et Tuamotou), à Rotoava, Taio-Hac, à l'île Tubaï. Dans les établissements secondaires, l'administration coloniale remplit l'office des juges de paix. Ces tribunaux connaissent des affaires correctionnelles et de police, et des affaires civiles quand la valeur de la demande n'excède pas 1.000 fr.

A Yanaon, il y a un juge de paix qui a la même compétence que ceux de France. Diego-Suarez et Sainte-Marie de Madagascar ont des justices de paix à compétence étendue.

Au Tonkin, les résidents et vice-résidents connaissent des affaires qui sont, en France, de la compétence des juges de paix. (2ᵉ décret du 13 janvier 1894).

TROISIÈME PARTIE

LÉGISLATIONS ÉTRANGÈRES

Presque tous les pays de l'Europe ont des juges dont les fonctions correspondent à celles de nos juges de paix.

Sans parler de la Belgique, de la Hollande et de la Suisse, dont l'organisation judiciaire est calquée sur la nôtre, nous étudierons les justices de paix (1) :

1° En Allemagne,
2° En Angleterre,
3° En Russie,
4° En Autriche-Hongrie,
5° En Italie.

I. — EN ALLEMAGNE

En Allemagne, les tribunaux de baillage et des échevins correspondent à nos justices de paix.

Le tribunal de baillage n'a qu'une juridiction civile, le tribunal des échevins juge au criminel.

1° *Tribunaux de baillage* (2)

Le tribunal de baillage se compose d'un juge unique. Pour rapprocher le juge des justiciables, la plupart des États allemands ont des assises de justice tenues dans les localités im-

---

(1) En Belgique et en Hollande, la compétence des juges de paix est plus élevée qu'en France. Elle est, en Belgique, de 300 fr. à charge d'appel, et en Hollande, de 420 fr.

(2) Art. 22, 23 et 24 du Code d'organisation judiciaire.

portantes par le juge du baillage. Ce sont les audiences foraines prévues en France par certains projets de réforme.

Lorsqu'un seul juge ne peut suffire aux devoirs de sa fonction, lorsque sa résidence est trop éloignée des grands centres, loin de tout foyer intellectuel, on a créé dans les villes importantes des tribunaux composés de plusieurs juges.

Dans ces tribunaux, un des juges est chargé de la surveillance générale et de la direction du service, sans avoir de pouvoirs disciplinaires. Chaque juge est indépendant et juge seul.

Les tribunaux de baillage connaissent en matière civile :

1° De toutes les affaires civiles ou commerciales, mobilières ou immobilières, dont l'objet peut s'évaluer en argent et ne dépasse pas la valeur de 300 marks (375 fr.).

2° Sans limitation de valeur : Des contestations en matière de louage de logements et autres locaux, entrepreneurs et bailleurs, à raison de la délivrance et usage des lieux, de l'expulsion du preneur et de la rétention par le bailleur des meubles garnissant les lieux loués ;

Des contestations entre maîtres et domestiques, entre patrons et ouvriers, relatives aux conditions de service ou de travail, ainsi que des contestations énumérées par l'art. 108 de la loi sur l'industrie, en tant que ces contestations surgissent pendant la durée du service, de l'engagement des ouvriers ou de l'apprentissage;

Des contestations entre voyageurs et hôteliers, voituriers, bateliers, maîtres de radeaux ou agents d'émigration dans les ports d'embarquement, relatives aux dépenses d'hôtellerie, frais de route et de traversée, transport des voyageurs et expédition de leurs bagages, perte et avarie des bagages, ainsi que de toutes contestations entre voyageurs et manouvriers à raison du voyage ;

Des contestations relatives aux vices des bestiaux ;

Des contestations pour dommages causés par le gibier ;

Des demandes fondées sur des relations illégitimes ;

Des actions possessoires;

Et en général sur toutes les affaires dont la nature ou le peu d'importance exige une décision rapide et peu de frais.

Le juge de baillage a aussi des attributions gracieuses. A ce titre, il est chargé d'un grand nombre d'actes de justice volontaire, tels que : tenue des registres des communes, des dessins et modèles industriels, le livre d'inscription des biens, le registre des hypothèques, surveillance et administration des tutelles, testaments, etc.

Tous les jugements, toutes les décisions et ordonnances rendus par le tribunal du baillage peuvent être frappés d'appel ou de pourvoi.

C'est un véritable juge de droit commun, auquel le législateur allemand a fait une situation en rapport avec l'importance de ses fonctions. Pour retenir au tribunal de baillage des forces capables et expérimentées, le juge de baillage est sur un pied complet d'égalité avec les juges des tribunaux régionaux. L'inamovibilité le couvre, il sort du même recrutement, il a les mêmes droits, les mêmes garanties, la même indépendance, le même titre, le même rang.

2° *Tribunaux d'échevins* (1)

Les tribunaux des échevins sont établis auprès des tribunaux de bailllage et chargés du jugement des affaires criminelles.

Le juge du baillage et deux échevins composent le tribunal.

Les échevins sont tirés au sort parmi les noms inscrits sur les listes dressées par l'administration municipale. Tous les

---

(1) Art. 25 à 58 du Code d'organisation judiciaire.

citoyens, à l'exception des dispensés et des incapables, participent à la justice.

Les tribunaux d'échevins connaissent : de toutes les contraventions, des délits, punis au maximum d'un emprisonnement de 3 mois ou d'une amende de 600 marks ;

Des délits d'injures et de voies de fait, poursuivis à la requête de la partie lésée ;

Du délit de vol, lorsque la valeur de l'objet ne dépasse pas 25 marks ;

Du délit de détournement qui ne dépasse pas 25 marks ;

Du délit de tromperie, si le dommage ne dépasse pas 25 marks ;

Du délit de dégradation de la chose d'autrui, lorsque le dommage est inférieur à 25 marks ;

Et de toutes les affaires qui leur sont renvoyées par les chambres criminelles des tribunaux régionaux, conformément à l'art. 75 du Code d'organisation judiciaire.

Le jugement rendu, les échevins retournent à leurs affaires. Ils ne sont pas responsables.

II.— ANGLETERRE

Pour maintenir la paix publique, Edouard III créa certains magistrats que l'on appela d'abord conservateurs de la paix (*Keepers of the peace*) et plus tard juges de paix. Ils rendirent de tels services à la couronne que la 34ᵉ année de son règne Edouard III augmenta leur pouvoir. Ils purent juger les félonies et c'est alors qu'ils prirent le nom de juges de paix. Cette institution se développa très rapidement. La juridiction criminelle des shérifs leur est attribuée. Ils étaient chargés du maintien de la paix d'après la loi commune et pouvaient user de la prison préventive et recevoir les cautions.

Ils avaient aussi la police des industries ; ils tenaient des sessions trimestrielles avec assistance du jury, et jugeaient sans jury la plupart des infractions légères aux lois sur le travail. Leur compétence ne dépassait pas les limites du comté et, de même que les juges de Westminster faisaient des tournées dans tout le royaume, de même les juges de paix tenaient leurs assises, çà et là, dans le comté.

Dès lors, les plaideurs, sous prétexte de déni de justice, demandèrent de porter devant les juges de paix, juges du roi, les causes pendantes devant les juridictions seigneuriales.

Les justices de paix, toujours accessibles, finirent même par absorber les *court leet* qui se tenaient seulement deux fois par an.

A l'heure actuelle, la justice de paix est, en Angleterre, comme l'école préparatoire de toutes les fonctions de la vie publique. Ce sont, en général, de grands propriétaires vivant sur leurs terres et exerçant, par leur fortune, leur vie et leurs connaissances, une influence considérable autour d'eux.

Pour être juge de paix, il faut posséder et faire valoir à son profit, soit à titre perpétuel, soit à titre viager, soit en vertu d'un bail de 21 ans, un bien d'un produit annuel de 100 livres sterling, ou une rente annuelle réservée de 300 livres provenant de biens réversibles, et, d'après une loi du 2 août 1875, occuper depuis deux ans dans le comté une maison imposée pour une valeur d'au moins 100 livres.

Tout gentleman de 21 ans peut se présenter chez le lord-lieutenant qui le reçoit juge de paix en l'inscrivant sur la liste des commissions de paix. Mais c'est là un titre purement honorifique. S'ils veulent exercer les fonctions de juge de paix, ils lèvent l'acte de leur inscription et demandent des clercs de la couronne un *writ of dedimus potestatem* et prêtent le serment prescrit par la loi. La durée des fonctions dépend du bon plaisir du roi.

Tous les juges de paix sont avant tout conservateurs de la paix et ont le devoir de réprimer les désordres, de provoquer les enquêtes sur les cas de félonie et sur les délits moindres.

Ils sont, en outre, fonctionnaires administratifs, juges en matière civile et pénale.

En matière administrative, ils sont administrateurs de l'assistance (*guardians of the poor*). Au nombre de deux, ils approuvent la taxe des pauvres, ordonnent les mesures d'exécution contre ceux qui ne la payent pas ; ils vérifient, à la fin de l'année, les comptes des inspecteurs des pauvres, ordonnent l'expulsion des personnes non domiciliées.

Des statuts de Georges IV, de Guillaume IV et de Victoria leur ont attribué une compétence en matière civile. Ils connaissent des différends sur les salaires des artisans et des ouvriers de fabrique jusqu'à 5 livres sterling ; des gages des domestiques ruraux jusqu'à 10 livres sterling. Ils décident sur les contestations entre matelots et capitaines ou patrons de navires ; ils sont juges des affaires sommaires en matière de baux de ferme et de loyers. Deux juges de paix peuvent condamner à la restitution de tout bien dont la valeur ne dépasse pas 20 livres sterling, et en matière de dîmes en retard, lorsque l'obligation de leur payement n'est pas contestée en elle-même, ils peuvent statuer jusqu'à une valeur de 10 livres.

Un juge de paix ne doit jamais décider sur un titre de propriété ou sur un titre constitutif d'un droit réel quelconque.

Une loi du 13 août 1875 a enlevé aux juges de paix la connaissance des contestations entre patrons et ouvriers relativement aux salaires et à la rescision de l'engagement contracté dès que le montant de la demande excède 10 livres. Les actions en dommages-intérêts intentées par les ouvriers contre leurs patrons ont aussi été attribuées aux Cours de comté.

En matière pénale, le juge de paix est juge d'instruction et juge de répression. En cette dernière qualité, il juge seul en justice de paix ; réuni à un de ses collègues, il constitue la Cour des Petites Sessions ; deux ou plusieurs juges de paix forment la Cour des Sessions trimestrielles.

1° *Seul*, le juge de paix a une compétence fort limitée ; il est plutôt juge d'instruction. Il interroge les individus arrêtés, les renvoie si les charges ne paraissent pas suffisantes; dans le cas contraire, il les fait mettre en prison ou en liberté provisoire sous caution. Il ne juge que lorsque la peine n'excède pas quelques jours d'emprisonnement.

2° *Cours des Petites Sessions*. – Elles forment le premier degré de juridiction répressive. Elles se composent de deux juges de paix du comté qui se réunissent tous les huit ou tous les quinze jours. Comme la noblesse a déserté les fonctions de juge de paix, on nomme souvent un juge de police salarié, chargé des mêmes fonctions que le juge de paix ; il peut siéger seul, même dans les cas où la loi exige la réunion de deux juges de paix.

Les Cours de Sessions forment des juridictions sommaires à compétence limitée. La juridiction et la procédure sommaire ont été très étendues par les lois de 1848 et 1879 pour diminuer les frais et les délais de la justice et pour abaisser certaines peines.

La procédure sommaire a lieu sans jury. Les *indictable offences* sont jugées à un jour indiqué par un avertissement public, et la Cour ne peut prononcer un emprisonnement supérieur à 14 jours et une amende dépassant 20 schelling. Elles connaissent, en général, des contraventions de police. Les contraventions même les plus futiles sont consacrées par des statuts du Parlement et chaque statut indique la peine encourue et la juridiction compétente : c'est celle des juges de paix. Ils sont aussi chargés de réprimer le vagabondage, de connaître des contraventions fiscales et des infractions commises par les mineurs de 16 ans. Si l'enfant a agi sans discernement, il est envoyé dans une maison de réformation ; s'il a agi avec discernement, il est justiciable des tribunaux ordinaires. La loi de 1879 attribue compétence à la juridiction sommaire, mais seulement si les parties le veulent, lorsqu'il s'agit d'actes *indictable*, autres que l'homicide, commis par des enfants ou des jeunes personnes et qui sont de la compétence du jury.

Les Cours de juridiction sommaire sont autorisées à juger certains faits *indictable*, même des majeurs de 16 ans, toutes les fois que les inculpés acceptent cette juridiction ; dans d'autres cas, il est nécessaire qu'ils avouent le fait, mais alors leur consentement à plaider coupable implique acceptation de la juridiction sommaire, de sorte qu'ils ne peuvent pas demander leur renvoi devant le jury.

La compétence de la juridiction sommaire est toujours facultative de la part de l'accusé, même dans le cas où il plaide coupable, car il aurait pu prendre un autre parti et être renvoyé devant le jury. Toute personne mise en prison pour un délit sans un warrant doit être traduite devant une Cour de justice sommaire.

On n'a aucune idée, en France, de la compétence facultative du juge de police. Cette justice paternelle fonctionne admirablement. Le juge prononce sa condamnation en termes paternels ; souvent il fait des observations morales au condamné où percent quelquefois l'humour et le mot pour rire.

III. — RUSSIE

Il ne faut pas chercher à rattacher l'origine des juges de paix russes aux institutions analogues qui se rencontrent dans l'Europe Occidentale. Le législateur n'a cherché que dans le

génie des peuples slaves le secret de cette magistrature in-
connue à tous leurs voisins. On pourrait cependant trouver
quelques points de ressemblance avec les juges de paix d'Angleterre. Créés pour maintenir la paix à des époques trou-
blées par des révolutions (1), ils sont, en Angleterre et en
Russie, recrutés dans la haute société, parmi les sujets du
prince qui ont l'autorité, l'influence et la richesse. Dans les
deux pays, ils doivent avoir une certaine fortune ; ils exercent
une juridiction paternelle dont nous n'avons en France aucune
idée et leur compétence peut varier selon les désirs des parties.

Il y a en Russie un juge de paix dans chaque district, et
dans chaque arrondissement de la justice de paix un nombre indéterminé de juges de paix honoraires.

1. — Juges de paix cantonaux

Ils sont élus pour 3 ans par l'assemblée du district. Les
conditions requises pour être porté sur la liste des éligibles
sont :

1° Etre domicilié dans l'arrondissement de paix ;

2° Etre âgé de 25 ans ;

3° Avoir terminé ses études dans les établissements supérieurs ou dans les lycées, ou bien avoir occupé certains emplois où l'on pouvait acquérir des connaissances pratiques en
matière de jurisprudence;

4° Posséder une propriété immobilière dont la valeur doit
être au maximum de 15,000 roubles si ce sont des terres, et
de 3 à 6,000 roubles si ce sont des propriétés urbaines.

---

(1) En Angleterre, sous le règne d'Edouard III.

En Russie, après l'ukase de 1863 qui préparait la libération civile et politique des paysans,

L'assemblée peut en outre, à l'unanimité des votants, élire juge de paix tout citoyen qui est honorablement connu pour ses qualités et ses services rendus, quand même il n'aurait pas toutes les qualités requises par la loi.

Les juges de paix cantonaux reçoivent un traitement du zemstwo du district ou de la municipalité de la ville, qui en fixent le taux ; le minimum est de 1,500 roubles, le maximum de 2,200. Le juge de paix a le même rang hiérarchique que les membres des autres tribunaux et jouit des mêmes privilèges.

Devoirs et compétence

Les fonctions de juge de paix cantonal ne sont pas compatibles avec les fonctions publiques ou privées rétribuées.

Le juge cantonal exerce sa juridiction dans les limites de son canton. Il ne peu s'absenter sans l'autorisation de l'assemblée des juges, qui, après lui avoir délivré un congé, le remplace par un juge honoraire, avec lequel elle s'entend, ou par un juge cantonal voisin.

Il choisit le lieu de ses audiences ; mais quelquefois il se transporte sur les lieux où l'action a surgi. Il doit recevoir les requêtes partout et à toute heure.

Le juge de paix examine seul les requêtes et les plaintes portées devant lui ; il dirige les débats et fait les enquêtes sans l'assistance de personne. Le greffier, rétribué par lui, n'a aucun titre officiel et s'occupe seulement de la tenue des registres. Le juge de paix requiert la police, quand il y a lieu, pour exécuter ses ordres.

Comme tribunal de première instance, les juges de paix connaissent :

1° *Au Civil :* De toutes actions personnelles ou mobilières et des demandes reconventionnelles en dommages-intérêts jusqu'à la valeur de 500 roubles ; en outre, ils connaissent de toutes actions ou contestations en matière civile, sans égard

à la valeur, quand les parties le prient de rendre un jugement selon sa conscience et sa conviction. ; dans ce cas, le
jugement rendu est définitif et il ne pourra être interjeté d'appel ;

2° *Au Criminel* : Ils connaissent de tous les délits et contraventions énumérés dans le Code Pénal des juges de paix,
tels que : désobéissance aux règlements légaux de police ;
contraventions contre l'ordre et le repos publics ; ivresse manifeste ; outrages à la pudeur ; jeux défendus ; mendicité ;
infractions contre les prescriptions relatives à la salubrité ;
délits de chasse et de pêche ; infractions aux règlements de
voirie, aux mesures de sûreté contre l'incendie ; port d'armes
prohibées ; outrages aux personnes, menaces et violences,
toute espèce de vol non qualifié et escroquerie, jusqu'à 300
roubles, etc. . . . . .

Pour tomber sous le coup de la loi pénale, les faits incri-
minés doivent être prémédités ou au moins intentionnels.
Impunité complète jusqu'à 10 ans ; de 10 à 14 ans, les délinquants peuvent être rendus à leurs parents pour une cor-
rection domestique ou assimilés aux délinquants de 14 à 17
ans, qui sont passibles de la moitié de la peine encourue par
les majeurs.

Les peines sont : 1° la réprimande, les observations sévères et les admonestations ; 2° les amendes jusqu'à 300 roubles ; 3° les arrêts jusqu'à 3 mois ; 4° l'emprisonnement jusqu'à 1 an.

Ils connaissent, en outre, des affaires qui entraînent des
pénalités plus sévères et qui n'ont pu être entamées que par
des personnes lésées, mais seulement pour tenter d'amener
les personnes à un arrangement ; si le juge cantonal n'y réus-
sit pas, il renvoie ces affaires aux tribunaux compétents pour
les juger.

Des audiences des justices de paix

La plainte par laquelle le demandeur ou son fondé de pouvoirs commence l'action peut être écrite ou verbale ; dans ce dernier cas, elle est inscrite par le juge sur un registre spécial. Quand les parties comparaissent en personne, la cause est jugée sur-le-champ. Les parties sont tenues de s'expliquer verbalement et l'audience est publique ; mais, sur la demande mutuelle des parties, le juge peut prononcer le huis clos.

1° *Affaires civiles*. — Au début de l'audience, le juge invite le demandeur à s'expliquer ; ensuite, il entend le défendeur et les témoins, et adresse les questions aux parties quand il le croit utile ; enfin, après les avoir entendues contradictoirement, il clôt les débats.

Pendant les débats, le juge indique aux parties tous les moyens de conciliation et prononce le jugement seulement en cas de refus de leur part, en s'appuyant sur les preuves fournies par elles.

2° *Pour les affaires criminelles*. — Elles peuvent être intentées : 1° par toute personne qui se prétend lésée ; 2° par le juge lui-même en cas de flagrant ou quasi flagrant délit ; 3° sur la communication de la police et autres fonctionnaires publics.

Le juge peut permettre au prévenu de se faire représenter par un avocat lorsque l'inculpation n'entraîne pas l'emprisonnement. Pour les délits qui entraînent emprisonnement, le juge délivre, si le prévenu fait défaut, un mandat d'amener.

Le juge cite lui-même les témoins lorsque les parties ne veulent pas s'en charger ; il informe ainsi l'accusateur du jour et de l'heure de la comparution.

L'accusé a le droit de se refuser à répondre, et le juge de

paix, sans proférer de menaces, sans le prendre par la ruse, doit continuer l'examen des preuves fournies par l'accusation; les preuves admises sont les mêmes que dans l'action civile, sauf la prestation du serment par les parties. Après la clôture de la discussion, le juge de paix conclut et décide de la culpabilité selon sa conviction.

Dans les affaires qui peuvent être terminées par la réconciliation des parties, le juge doit prendre toutes le mesures pour les y décider; en cas de refus de leur part, il prononce le jugement et condamne le coupable aux frais et aux dépens; le condamné doit payer également les dommages-intérêts sur la demande de la partie civile.

Le jugement est brièvement formulé par écrit, lu aux parties et signé par elles. En outre, le juge est tenu de leur faire connaître les délais prescrits par la loi et les voies ouvertes pour annuler le jugement rendu.

Les arrêts ne sont pas sujets à l'appel s'ils ne dépassent pas 30 roubles et, en matière criminelle, quand la peine n'excède pas 3 jours d'arrestation et 15 roubles d'amende; contre ces arrêts seuls, le pourvoi en Cassation est possible.

Les affaires se décident rapidement : il en passe quelquefois de 10 à 15 par jour ; elles sont entremêlées : les civiles et les criminelles, ce qui ne leur nuit pas, puisque leur procédure est semblable.

Le ministère public n'existe pas: dans les affaires où la partie lésée est une personne morale, elle est représentée par un fondé de pouvoirs, et, dans le cas de contravention de police, l'accusation est soutenue par le commissaire de police local.

II. — JUGES DE PAIX HONORAIRES

1° Le juge de paix honoraire n'est pas attaché à un canton spécial et sa juridiction s'étend sur tout l'arrondissement de paix ; 2° il n'a pas de traitement ; 3° il peut occuper toute fonction publique ou privée.

Il connaît des actions surgies dans *son arrondissement*, s'il s'y *trouve*, et seulement si les *deux parties réclament son arbitrage*. Le jugement rendu par lui dans ces conditions a absolument la force de celui du juge cantonal.

Le juge honoraire siège dans l'assemblée de paix et au tribunal d'arrondissement en cas d'absence imprévue d'un membre du tribunal. C'est plutôt un titre honorifique qu'une fonction active ; ce titre est très recherché, et les hauts dignitaires, comme les maires des grandes villes, les présidents de différents tribunaux, les maréchaux de noblesse, l'acceptent avec fierté.

La réunion des juges de paix cantonaux et honoraires forme la deuxième instance de la justice de paix. Elle a un double caractère : 1° de Cour d'Appel pour les affaires qui n'ont pas été jugées en dernier ressort, 2° de Cour de Cassation.

Une seule Cour de Cassation était insuffisante à cause de l'étendue de l'Empire, et le Sénat n'aurait pas pu casser les jugements de toutes les justices de paix, car : 1° le procès-verbal qui permet de contrôler les faits ne contient, dans les affaires de peu d'importance, que des notes insuffisantes pour reconnaître si le juge a observé les formes prescrites par la loi ; 2° les contraventions doivent être examinées rapidement et, de plus, comme certaines affaires doivent être jugées d'après les coutumes locales, comment les connaître toutes ?

L'assemblée des juges de paix se réunit de préférence dans la ville la plus centrale du district et, si les affaires sont trop nombreuses, elle forme plusieurs chambres. Le juge dont le jugement est en litige est récusé d'office. Outre les trois juges et le secrétaire, le substitut du procureur du tribunal d'arrondissement assiste aux audiences.

Grâce aux juges honoraires, les juges cantonaux, en cas d'affaires pressantes, peuvent rester dans leur canton ; sans leur présence, l'assemblée des juges cantonaux pourrait former une sorte d'accord, et cette deuxième instance ne différerait en rien de la première.

La justice est entièrement gratuite. Il n'y a ni timbre, ni frais, ni huissier.

IV. — HONGRIE

Dans les villes investies du droit de juridiction, dans les villes pourvues d'un magistrat régulier, dans les grandes communes et dans celles situées dans le ressort d'une chambre de notaire de cercle, le ministre de la justice peut, après avoir consulté la délégation administrative, nommer un juge de paix au nom du roi.

Pour être nommé juge de paix, il faut avoir passé les examens de droit ou l'examen d'État théorique ou juridique et être d'une probité reconnue. Les villes qui en font la demande doivent proposer une personne remplissant les conditions.

Avant d'entrer en fonctions, le juge de paix prête serment devant la délégation administrative du municipe.

Ne peuvent être nommés juges de paix : 1° les fonctionnaires de l'État, 2° les notaires, 3° les avocats, 4° les militaires, 5° les pasteurs, les prêtres, les instituteurs.

COMPÉTENCE

Les juges de paix des villes, des grandes communes et de la circonscription d'une chambre notariale de cercle ne sont compétents que dans les limites territoriales de la ville, de la grande commune ou de la chambre notariale.

L'article 11 soumet à la procédure organisée par la présente loi les affaires civiles suivantes :

1° Demandes de sommes d'argent ne dépassant pas 50 gulden en principal.

2° Demandes relatives à des meubles ou à la prestation d'un travail, lorsque la valeur de l'objet ne dépasse pas 50 gulden en principal, ou lorsque le demandeur se déclare prêt à accepter une somme qui ne dépasse pas 50 gulden à la place de l'objet demandé.

3° Demandes d'intérêts, arrérages, obligations alimentaires lorsque l'objet de la demande ne dépasse pas 50 gulden ou que le demandeur se déclare prêt à accepter, à la place de l'objet de la demande, une somme qui ne dépasse pas 50 gulden et que l'obligation principale se fonde sur une décision judiciaire, un acte notarié ou n'est pas contestée par le débiteur.

4° Affaires civiles de police rurale lorsque la somme ne dépasse pas 100 gulden sans les prestations accessoires et l'amende qui peut en même temps être prononcée. Demandes d'indemnités pour dommages causés par le gibier jusqu'à concurrence de la même somme.

5° Demandes en expulsion d'une habitation ou de ses dépendances, ou en délivrance, et mêmes demandes relatives à des immeubles qui ne constituent pas une habitation, lorsque la location annuelle ne dépasse pas 400 gulden à Buda-Pesth et 200 dans d'autres lieux.

6° Demandes en restitution d'objets loués si le prix de la location annuelle ne dépasse pas 50 gulden.

7° Procès pour injures ou diffamations dans les contrées où ces affaires font l'objet de procès civils.

8° Contestations relatives aux foires et marchés pendant la durée des marchés annuels et hebdomadaires lorsque la somme demandée ou la valeur de l'objet demandé ne dépasse pas 50 gulden en principal.

9° Actions en rectification de limites et en restitution sommaire, mais seulement lorsque c'est la possession d'une habitation ou de ses dépendances, ou d'un fonds de terre qui ne dépasse pas un arpent cadastral qui forme l'objet du procès.

Ne sont en aucun cas soumises à cette procédure:

Les affaires relatives aux livres fonciers et aux lettres de change, celles soumises aux tribunaux des mines, ou urbariaux ou administratifs, les affaires commerciales, à l'exception des cas indiqués au N° 8, celles qui ne sont pas mentionnées dans l'art. 11, alors même que les parties s'y soumettraient avec ou sans désignation du tribunal.

Aux créances dépassant la somme ou valeur fixée dans les N°ˢ 1, 2, 3 et 4, alors même que l'action ne serait intentée que pour une partie de la créance et que le montant ou la valeur de cette partie ne dépasserait pas le taux de la compétence fixée par la présente loi.

La compétence judiciaire est, en règle générale, déterminée par le domicile du défendeur ou sa résidence, le domicile d'élection, et, pour les sociétés, leur siège social.

Dans le cas du N° 4, l'instance doit être liée devant le tribunal dans le ressort duquel la contravention de police rurale a été commise ou le dommage causé par le gibier.

Dans les cas des N°ˢ 5 et 6, la compétence est déterminée par la situation de la chose louée, et du N° 9, par le lieu où la possession a été troublée.

Procédure. — Le demandeur peut introduire sa demande verbalement ou par écrit. Si le juge considère l'objet comme soumis à sa juridiction, il fixe un jour pour l'examen de la demande ; s'il ne se reconnaît pas compétent, il formule par écrit une décision de renvoi.

On peut se faire représenter par un mandataire.

Les débats ont lieu publiquement, mais le juge peut ordonner le huis clos.

Le juge doit entendre les parties, puis éclairer l'affaire en leur adressant des questions et faire connaître les conséquences auxquelles elles s'exposent en ne pas prouvant les faits.

Les débats sont remis si le mandataire ne justifie pas de ses pouvoirs, si la partie ne peut s'expliquer d'une manière intelligible ou si elle est expulsée pour attitude inconvenante.

Les parties entendues, le juge essaye d'amener une transaction, qui est insérée au procès-verbal. Si on n'aboutit pas à une transaction, le litige est tranché par un jugement et le juge fixe un délai de 8 jours pour l'exécution de la condamnation.

Il doit être dressé un procès-verbal des débats ; ce procès-verbal est lu aux parties, signé par elles et par le juge. Si la partie fait défaut ou si les parties le demandent, il leur est donné copie du jugement à leurs frais.

Voies de recours. — La partie qui a fait défaut, sans sa faute, peut, dans les 8 jours, demander à se justifier, et le juge statue sur ce recours après avoir entendu les parties.

Le recours en nullité peut avoir lieu si le juge a jugé une affaire qui n'entre pas dans ses attributions ou n'est pas de sa compétence ; s'il refuse de juger ; s'il a jugé lorsqu'il n'en avait pas le droit ; si la partie qui a perdu le procès pour n'avoir pas comparu n'avait pas été régulièrement citée ; si la partie n'avait pas le droit d'ester.

Le recours en nullité est jugé par la Cour royale ; son jugement n'est sujet à aucun recours, et en cas de recours évidem-
ment mal fondé, elle peut condamner à une amende de
25 gulden.

Le procès peut toujours être renouvelé une fois. L'instance
réitérée doit être portée, dans les 30 jours du jugement,
devant le même tribunal ; le juge examine tous les moyens
que font valoir les parties, même ceux entièrement nouveaux.

Le jugement ne peut être exécuté que sur les meubles ; un
délégué est nommé par le jugement qui fait mettre le séquestre et fait l'inventaire.

V. — ITALIE

En France, le juge de paix est à la fois conciliateur et juge.
En Italie, les deux fonctions sont distinctes : dans chaque
commune il y a un conciliateur et dans chaque canton (man-
damento) un prêteur. L'échelle judiciaire italienne compte un
degré de plus que la nôtre.

1° Des conciliateurs

Les fonctions de conciliateur sont purement honorifiques ;
elles créent un titre, non un droit, à l'admission aux emplois
publics.

Le conciliateur est nommé par le roi sur la présentation
d'une liste de trois candidats dressée par le conseil municipal.
Il doit avoir 25 ans et être électeur.

Si un seul conciliateur ne suffit pas à cause de l'importance
des affaires de la commune, le roi peut en nommer plusieurs.

Les attributions du conciliateur consistent : 1° à concilier
les plaideurs ; 2° à juger les procès qui sont de sa compétence.

Sont de la compétence des conciliateurs, toutes les actions personnelles, civiles ou commerciales, mobilières, dont la valeur n'excède pas 30 lires.

Et aussi les actions relatives aux baux de biens immobiliers, si le prix du bail, pour toute la durée de la location, n'excède pas la valeur de 30 lires.

2° *Des préteurs*

Le prêteur a une situation plus nette, une affiliation plus positive au corps judiciaire que notre juge de paix. Il est au premier échelon de la magistrature italienne.

Il remplit, dans les limites déterminées par la loi, les fonctions :

1° De juge en matière civile et commerciale ;

2° De juge en matière pénale ;

3° D'officier de police judiciaire.

Dans les villes, il n'exerce pas la police judiciaire, et dans les villes de 40.000 h. et au-dessus, le Gouvernement peut établir par décret, sur la demande des Conseils communaux, des prétures urbaines appelées à juger en matière pénale.

Le prêteur est compétent :

Pour toutes les actions civiles et commerciales dont la valeur n'excède pas 1500 lires ; — les demandes d'aliments ou de pensions alimentaires périodiques, si la prestation contestée ne dépasse pas une valeur annuelle de 200 lires ; — toutes les actions en dégâts et dommages aux fonds urbains ou ruraux, aux clôtures, plantes et fruits ; — les actions possessoires ; — les actions *damni infecti* et en dénonciation de nouvel œuvre.

D'après le projet présenté au Sénat, les prêteurs ont la connaissance (art. 11 du Code de Proc. criminelle) :

1° Des contraventions punissables des peines de simple police ;

2° Des délits punissables de la prison, du confino, ou de l'exil local n'excédant pas 3 mois de durée, ou d'une amende qui n'excède pas 500 lires ;

3° Des délits pour lesquels le procureur du roi requiert le juge d'instruction de renvoyer l'inculpé devant le prêteur sans procéder lui-même aux actes d'instruction.

La chambre du Conseil peut aussi renvoyer l'inculpé devant le prêteur : 1° Lorsque, à raison de l'âge ou de certaines circonstances, il y a lieu de substituer les peines de police aux peines correctionnelles;

2° Lorsqu'il s'agit de délits qui, grâce aux circonstances atténuantes, ne sont pas punis de plus de 2 ans de prison ou de 2000 lires d'amende. Parmi ces délits, on peut citer : rébellion commise par une ou deux personnes sans armes ;— dégradation de monuments publics ; — outrage à la pudeur ; — vagabondage ; — jeux prohibés ; — coups et blessures volontaires et involontaires ; -- vols simples.

On peut adjoindre au prêteur un ou plusieurs vice-prêteurs. Ils aident le prêteur lorsque le nombre des affaires l'exige, lorsqu'il est absent ou empêché.

Quand les besoins du service l'exigent, le président du tribunal, sur la réquisition du procureur du roi, peut désigner, pour suppléer temporairement le prêteur ou le vice-prêteur empêché, un auditeur ou un autre vice-prêteur du territoire dépendant de la juridiction.

Les fonctions du ministère public près des prêteurs sont exercées par des adjoints judiciaires, des auditeurs, des juges suppléants, des délégués de la sûreté publique, et, en cas d'absence ou d'empêchement de ces magistrats, par le syndic de la commune.

Les prêteurs qui font partie de la magistrature italienne sont plus rétribués que nos juges de paix et doivent, pour être nommés, avoir des connaissances juridiques importantes.

QUATRIÈME PARTIE

PROJETS DE RÉFORME

Depuis vingt-cinq ans, la réforme de nos institutions judiciaires, et surtout des justices de paix, préoccupe l'opinion publique, nos Conseils généraux et nos Assemblées parlementaires.

Chaque législature a vu naître des propositions émanant de l'initiative privée ou du Gouvernement (1).

Parmi le nombre considérable de projets soumis aux Chambres, quelques-uns méritent notre attention ; nous en ferons l'analyse. Ce sont :

1° Le projet Floquet-Parent, 1877 ;
2°   —   Cazot-Goblet, 1881 ;
3°   —   Martin-Feuillée, 1883 ;
4°   —   Labussière, 1888 ;
5°   —   Million – Dupuy-Dutemps, 1893 ;
6°   —   du Gouvernement (Ant. Dubost), 1894.

---

(1) Proposition Floquet-Parent, 1877.
      —   Eymard-Duvernay, 1880.
   Projet du Gouvernement (Cazot), 1881.
   Proposition Giraud, 1882.
      —   Bisseuil, 1882.
      —   Poisset, 1882.
      —   Martin-Feuillée, 1882.
   Projet du Gouvernement (Martin-Feuillée), 1883.
   Proposition Saint-Romme, 1883.
   Projet du Gouvernement (Brisson), 1885.
   Proposition Brousse, 1886.
      —   Sabatier, 1886.
      —   Colfavru, 1886.
      —   Pally, 1886.
      —   Labussière, 1888
      —   Million, 1893.
      —   Dupuy-Dutemps, 1893.
   Projet du Gouvernement (Ant. Dubost), 1894.

Les réformes proposées ont pour but :

1° Extension de la compétence des juges de paix ;

2° Le mode de recrutement ;

3° L'augmentation de leur traitement.

1° *Projet Floquet-Parent (1877)*

Déjà, en 1865, on avait proposé de réformer les justices de paix ; les événements de 1870 empêchèrent la réalisation des projets de l'Empire.

Le projet Parent est le premier soumis à nos Chambres républicaines. Il contient une grande innovation. S'éloignant de l'idée de la Constituante, le juge de paix n'est plus un conciliateur, mais un juge avec plénitude de juridiction et non un juge d'exception. Par suite, il faut lui attribuer compétence pour les actions commerciales et immobilières.

Il jugera les actions personnelles et mobilières en dernier ressort jusqu'à 400 fr., en premier jusqu'à 1000 fr.; les actions immobilières jusqu'à 40 fr. de revenu, déterminé par le cadastre ou le prix du bail, et jusqu'à 1000 fr. de revenu à charge d'appel.

Les juges de paix connaissent également des demandes en validité d'offres réelles jusqu'à concurrence de leur compétence ; ils autorisent à ester devant leur tribunal les femmes et les mineurs, et ils statuent sur les difficultés relatives à l'exécution de leurs jugements.

2° *Projet Cazot (1881)*

M. Goblet fit, au nom de la Commission chargée d'examiner ce projet, un remarquable rapport, dont les arguments seront invoqués ou combattus par toutes les propositions postérieures.

Le rapporteur examine : 1° s'il y a lieu d'augmenter la

compétence civile des juges de paix ; 2° s'il faut étendre leur juridiction aux actions immobilières; 3° aux délits correctionnels ; 4° il combat l'extension de la compétence aux affaires commerciales ; 5° il propose l'élévation du traitement et un nouveau mode de recrutement des juges cantonaux.

1° Y a-t-il lieu d'augmenter la compétence civile?

En entrant dans cette voie, a-t-on dit, on fait du conciliateur un juge. Mais la loi de 1838 l'a déjà fait, M. Parent l'a proposé, les nations voisines nous ont précédé ; il faut donc porter résolument leur compétence à 1500 fr. Les raisons abondent : décroissement de la valeur monétaire ; la loi de 1838 leur donne, dans certains cas, le droit de statuer jusqu'au taux de la compétence des tribunaux de première instance. Il n'y a qu'à leur donner cette compétence pour toutes les affaires personnelles et mobilières. Elle avait déjà été proposée en 1865. De plus, en matière personnelle et mobilière, les demandes de la valeur de 100 à 200 fr. peuvent être soumises à deux degrés de juridiction, tandis que les demandes de 200 à 1500 fr. sont tranchées définitivement, sans appel possible, par les tribunaux de première instance, et que celles supérieures à 1500 fr. jouissent, comme les premières, d'un double degré de juridiction.

Elle se justifie par des raisons plus puissantes encore : «Que doit être, en effet, le but d'un Gouvernement républicain en matière de réforme judiciaire?

»C'est, suivant l'exposé des motifs, «d'ouvrir à tous les citoyens l'accès d'une justice économique, prompte et rapprochée.» Le moyen, c'est de réorganiser les justices de paix en en faisant de petits tribunaux pour le jugement des litiges de peu d'importance. Au delà de 200 fr., somme minime pour laquelle le juge de paix statuerait définitivement, tous les procès pourraient être soumis au double degré de juridiction : les petits procès au-dessous de 1.500 fr., devant le juge de paix en premier ressort et devant le tribunal en appel ; les gros procès au-dessus de 1.500 fr. en premier ressort, devant le tribunal, et en appel, comme aujourd'hui, devant la Cour. Ainsi se trouverait établie l'harmonie nécessaire dans nos divers ordres de juridiction et dans les garanties dues aux justiciables, en même temps que ceux-ci, pour les litiges peu importants, trouveraient auprès d'eux une justice plus expéditive et occasionnant moins de frais. Vainement, on a soutenu que la possibilité de l'appel, loin de diminuer les frais, les augmenterait. En pareil cas, l'appel sera exceptionnel, et, dans la plupart des circonstances, les parties, au lieu d'aller soutenir devant le tribunal d'arrondissement une procédure coûteuse, seraient conciliées ou départagées par le magistrat placé sur les lieux.»

Quant au danger que peut présenter un juge unique, on y répond en exigeant de nouvelles garanties ; et de plus, les décisions de ce juge unique sont sujettes au recours de l'appel.

La justice de paix, d'après le projet, aurait pour effet de décentraliser et de démocratiser la justice en la mettant plus à portée du justiciable et de réduire le nombre des tribunaux de première instance.

2° La juridiction des juges de paix doit s'étendre aux actions immobilières :

La prédominance de la fortune immobilière n'a plus sa raison d'être, en présence du développement de la richesse mobilière. La connaissance de ces actions n'est pas plus difficile que celle des actions possessoires, et c'est surtout pour les contestations concernant les immeubles que l'intervention d'un magistrat placé sur les lieux, pouvant apprécier par lui-même les faits, rapprocher les titres sur place, offrira les garanties d'une bonne justice et facilitera la solution des litiges sans enquêtes ou expertises entraînant des frais souvent supérieurs à l'intérêt en jeu,

Il faut aussi leur attribuer, dans les mêmes limites, la matière des partages et licitations et des ventes des biens de mineurs. Ce serait un moyen de simplifier la procédure et d'éviter les frais qui quelquefois absorbent la totalité de la valeur de l'immeuble.

3° La commission est favorable à l'extension en ce qui regarde les matières pénales :

Il est constant qu'un grand nombre d'infractions auxquelles on a donné la qualification de délits et qui sont soumises aux tribunaux correctionnels présentent beaucoup plutôt le caractère de contraventions en ce qu'elles ne comportent pas l'examen de questions d'intention et de moralité.

4° Pour la compétence commerciale, la commission, contrairement au projet, l'a rejetée pour les raisons suivantes :

Les pétitions des chambres de commerce s'y opposent, car rien, suivant elles, ne justifie une mesure qui enlèverait aux tribunaux consulaires les 3/4 des affaires dont ils connaissent actuellement.

La juridiction commerciale ne donne pas lieu aux critiques adressées aux tribunaux civils Au point de vue de la conciliation, de la prompte expédition des affaires, de la simplicité de la procédure et de l'économie des frais, les tribunaux de commerce présentent, en général, les avantages que nous cherchons dans l'extension de la compétence des juges de paix.

En ce qui concerne la proximité du juge, la question ne se pose pas, car les affaires commerciales se traitent souvent à de très grandes distances.

Cette juridiction est populaire, car les juges doivent leurs mandats à la confiance de leurs concitoyens et c'est une institution démocratique.

Mais n'y aurait-il pas au moins lieu d'attribuer compétence

pour les affaires commerciales aux juges de paix situés dans des cantons où il n'y a pas de tribunal de commerce ?

S'il en était ainsi, une affaire de même nature et de même importance pourrait être jugée, ou au premier degré seulement, ou en dernier ressort, selon qu'elle devrait être portée devant le juge de paix ou devant le tribunal de commerce.

Puis, les questions commerciales demandent des connaissances particulières que les hommes seuls de la partie peuvent avoir.

5° Les juges de paix recevront un traitement de 3.000 fr. :

Pour être juge de paix, il faut être âgé de 30 ans, être licencié en droit ou avoir exercé pendant 10 ans les fonctions de notaire, avoué, greffier ou huissier.

Les juges de paix pourront être chargés du service de deux cantons limitrophes et tenir des audiences foraines.

3° *Projet Martin-Feuillée (1883)*

Comme le projet Cazot, il propose l'extension de la compétence aux actions personnelles, mobilières et immobilières jusqu'à 200 fr. en dernier ressort, et 1.500 fr. en premier.

Les juges de paix statuent également sur les difficultés d'exécution d'un titre exécutoire ou d'un jugement ; ils peuvent autoriser la femme mariée à ester devant leur tribunal.

Le juge de paix pourra être chargé du service de deux cantons et tenir des audiences foraines.

Sur les questions suivantes, M. Martin-Feuillée se sépare de M. Goblet :

1° Les juges de paix sont compétents pour toutes les difficultés relatives aux vices rédhibitoires, d'après la loi de 1884 ;

— aux pensions alimentaires lorsqu'elles n'excèdent pas 500 fr.;

Ils connaissent des demandes en validité, nullité ou mainlevée des saisies ; mais la procédure de distribution sera suivie devant le tribunal de première instance :

Cette disposition est regrettable. En soumettant à deux juridictions différentes les diverses parties d'une même procédure, elle augmente les frais et occasionne les retards :

2° On écarte l'extension de la compétence en matière pénale, car le projet se liait à l'institution des assises correctionnelles.

«La réalisation pratique de l'établissement des tribunaux d'assises, disait M. Martin-Feuillée, était subordonnée à un départ préalable d'attributions, pour la matière correctionnelle, entre les juges permanents de première instance ou de paix et les nouveaux tribunaux d'assises. On ne pouvait, en effet, songer à déférer à ces tribunaux tous les délits sans exceptions. Le jury n'aurait pas suffi à cette tâche et il n'y avait d'ailleurs aucun intérêt à lui soumettre les délits les plus légers ou ceux qui reposaient sur des infractions le plus souvent purement matérielles.» Cette division ne sera faite que lorsqu'on organisera la nouvelle procédure.

La Commission a, en outre, rejeté l'extension de la compétence correctionnelle, parce que devant les justices de paix il serait impossible de constituer un ministère public et que le nouveau service demande une large augmentation du personnel et des constructions de maisons de détention dans chaque chef-lieu de canton.

3° Pour être nommé juge de paix, il faut avoir 25 ans, être licencié en droit ou avoir exercé pendant 5 ans la profession de notaire ou d'avoué, ou pendant 10 ans celle de greffier, huissier ou juge de paix suppléant.

4° Les juges de paix résidant au chef-lieu d'arrondissement ont le traitement d'un juge au tribunal ; celui des juges cantonaux est de 2.500 fr.

5° Après 10 ans d'exercice, le juge de paix pourra être nommé juge au tribunal de première instance.

Dès lors, trois échelons dans la carrière des juges de paix : 1° juge au canton, 2° juge au chef-lieu d'arrondissement, 3° juge au tribunal de première instance. Cette innovation est des plus heureuses. Le juge verra tous les jours sa situation s'améliorer et ce sera pour lui un stimulant. Rompu à la pratique des affaires dans les cantons ruraux, puis dans les localités importantes, nommé au tribunal de première instance, il sera à la hauteur de sa tâche. De cette manière, la magistrature sera plus instruite, car le choix des candidats sera plus facile.

4° *Projet Labussière (1888)* (1)

Chacun des trois projets précédents a étendu la compétenée des juges de paix à des matières nouvelles. Le premier est le plus hardi : M Parent propose de donner au juge de paix plénitude de juridiction : il est compétent en matière personnelle, mobilière, commerciale, immobilière. M. Goblet combat la compétence commerciale et propose les audiences foraines. M. Martin-Feuillée fait des restrictions sur la compétence correctionnelle, mais son projet contient encore une innovation : les juges de paix, après 10 ans, pourront être nommés au tribunal de première instance. A partir de cette époque, une marche inverse se produit, chaque proposition diminue l'extension proposée par les premiers. Quelle en est la cause ?

L'extension de la compétence des justices de paix menace de faire disparaître les tribunaux de première instance déjà inoccupés ; les petits procès diminuant, les avoués et les

_____

(1) Ce projet contient trois rapports : le 2 février, le 22 mars, le 9 juin : compétence, organisation, procédure.

huissiers perdent une partie de leurs revenus ; les audiences foraines feront passer aux communes voisines le prestige du canton.

Tous ces intérêts coalisés arrêtent la réforme.

On cherche désormais à la faire aboutir sans porter atteinte aux institutions administratives et judiciaires. Les arguments invoqués dans chaque rapport en sont la preuve.

M. Labussière propose l'extension de la compétence en matière personnelle, mobilière et commerciale, les audiences foraines.

Les juges de paix connaissent aussi, dans les limites de leur compétence, des actions en validité et en nullité des offres réelles, des saisies-arrêts et des saisies foraines.

Ils peuvent autoriser les femmes mariées et les mineurs à ester devant leur tribunal.

Ils connaissent des actions en paiement des frais faits devant eux.

Mais ils n'ont pas de compétence pour les actions immobilières ; ils ne jugent pas en référé.

Ce projet ne doit pas enlever au juge son caractère de juge d'exception. Il y aurait danger à donner compétence en toute matière au juge de paix, isolé sur son siège, privé de la collaboration du barreau, sans bibliothèque, n'ayant à sa disposition, la plupart du temps., qu'un Code et quelques Manuels de droit insuffisants.

«Il faut écarter de sa barre, même à charge d'appel, et réserver aux tribunaux les procès dont la décision est délicate. Il convient de ne lui laisser à juger que les contestations parfaitement déterminées quant à leur valeur, simples dans leur objet et d'une décision facile, que ne viennent compliquer ni l'interrogation d'actes obscurs, ni l'examen de graves questions de droit. Ces contestations-là, la loi doit en dresser l'inventaire : le juge de paix ne peut être qu'un juge exceptionnel.»

La commission a repoussé la compétence des actions immobilières dont la valeur est, en fait, à peu près indéterminable, et qui nécessiteraient presque toujours, pour leur instruction, le concours d'un homme de loi.

En matière personnelle et mobilière, la compétence doit être portée à 300 et 1,500 fr.

Cette extension n'est pas excessive à cause du développement de la fortune mobilière. La situation des tribunaux n'en sera pas ébranlée, car ils ne perdront que le 1/3 ou le 1/4 de leurs affaires et les juges de paix n'auront que 8 ou 9 affaires de plus.

En limitant à 300 fr. et en dernier ressort la compétence commerciale, on échappera aux critiques qui avaient fait repousser les propositions antérieures.

De la sorte, il n'y a plus lieu à appel, et, d'autre part, les tribunaux de commerce conserveront encore un nombre très respectable d'affaires. Les petites seules leur échapperont et seront jugées sur place par les juges de paix.

Dans un rapport du 9 juin 1888 sur la révision du Code de Procédure, M. Labussière soutient les audiences foraines.

«Elles sont utiles, dit-il, car souvent le canton n'est pas la commune la plus centrale, la plus peuplée, la plus commerçante. Les justiciables y trouveraient leur compte et ce serait un moyen de faire régner la concorde entre les deux localités. C'est une des mesures les plus désirées.»

On l'a vivement critiquée :

1° Toutes les communes voudront avoir des audiences foraines. L'obligation de subvenir aux frais de déplacement et à l'entretien du prétoire mettra un frein aux demandes et le Gouvernement ne l'accordera qu'à bon escient.

2° La mesure proposée rompra l'unité judiciaire, le canton,

en créant des subdivisions qui bouleverseront les principes de l'unité territoriale. L'audience sera-t-elle obligatoire pour tous les défendeurs du canton ou seulement pour les habitants de la commune ?

Le formalisme est banni le plus possible des justices de paix ; souvent le juge est saisi par la comparution volontaire des parties, et lorsqu'il donnera permis de citer, il indiquera le lieu de la comparution.

Le rapport du 22 mars s'occupe du traitement et des grades exigés.

Dès 1806, les Cours d'Appel réclament des hommes connaissant le droit. En 1838, les jurisconsultes demandaient des candidats ayant pris des degrés dans les facultés. Si la réforme échoua, la faute en est au système politique de l'époque. La monarchie de Juillet ne veut pas fermer ces fonctions aux censitaires sur lesquels elle s'appuie et qui trouvent dans les fonctions de juge de paix un moyen d'étendre leur influence. A l'heure actuelle, ils ne doivent plus se mêler à la politique et c'est par le savoir et l'impartialité qu'ils doivent mériter l'estime et la confiance des habitants du canton.

Dès lors, pour être juge de paix, il faut avoir 25 ans, être licencié en droit ou avoir été notaire ou avoué pendant 5 ans, magistrat consulaire dont 2 ans de présidence pendant 6 ans, huissier ou greffier pendant 10 ans.

Après 10 ans, les juges de paix peuvent être nommés juges au tribunel de première instance.

Il y a un juge de paix par canton ; dans les villes de plusieurs cantons, un seul juge de paix peut suffire.

De tous les fonctionnaires du canton, le juge de paix est le moins rétribué. Il faut lui accorder un traitement en rapport avec sa situation.

Ils auront 2,500 fr. dans les cantons ; 2,800 fr. dans les

villes inférieures à 20.000 habitants ; 3,500 fr. dans celles de 80.000 habitants ; et à Paris, 8,000 fr.

On a repoussé l'inamovibilité proposée par M. Piou pour les motifs suivants : le Gouvernement pourra remplacer les incapables et le personnel s'améliorera sans secousses. Les juges de paix sont auxiliaires du parquet; tant qu'ils exerceront ces fonctions, ils ne peuvent pas être inamovibles. D'ailleurs, les affaires dont ils connaissent sont d'une si faible importance qu'elles ne peuvent faire élever contre eux le soupçon de partialité ou de complaisance envers le pouvoir.

5° *Rapport de M. Vallée sur les propositions Million et Dupuy-Dutemps (1893)*

D'après ce projet, le juge de paix est conciliateur et juge d'exception. Il faut augmenter sa compétence pour les actions personnelles et mobilières, — on ne doit pas l'étendre aux actions commerciales et immobilières. Le même juge ne peut pas être chargé du service de plusieurs cantons et on ne peut charger des fonctions de juge de paix un des juges du tribunal.

Le juge de paix est conciliateur et juge d'exception. C'est le caractère que lui avait donné l'Assemblée de 1790. Pour être médiateur, il faut de l'autorité et la fonction la donne ; il doit juger : «S'ils n'étaient que médiateurs, disait Thouret, ils deviendraient bientôt inutiles ; tous leurs efforts n'arrêteraient pas les plaideurs. Votre commission vous propose donc de réunir en eux le double caractère de médiateurs et de juges.»

Depuis, leurs attributions n'ont fait que s'accroître, et si le juge de paix doit toujours être un homme de bien, il doit être également un jurisconsulte. De là, la nécessité d'exiger des diplômes ou des garanties de savoir à l'entrée de la carrière. Ils doivent être en dehors de la politique et, comme l'a proposé M. Dreyfus en 1884, il faut leur ouvrir l'accès des tribunaux de première instance.

Mais le personnel n'est pas encore à la hauteur de sa tâche, et le tribunal de première instance serait destiné à périr si on leur accordait plénitude de juridiction.

Néanmoins, il faut porter leur compétence à 300 fr. en dernier ressort et à 1.500 fr. à charge d'appel pour les actions personnelles et mobilières.

Si cette extension de compétence était accordée, il faudrait, a-t-on dit, des juges plus instruits, la situation des tribunaux d'arrondissement serait menacée, les appels seraient exagérés.

La connaissance des affaires mobilières est plus facile que celle des questions possessoires, dont ils connaissent d'après la loi de 1838. Et M. Labussière disait en 1890 : «Si l'argument portait, ce n'est pas seulement les affaires de 200 à 1.500 fr. qu'il faudrait leur refuser, il faudrait encore leur retirer les litiges de la plus petite valeur, pour lesquels, sans doute, on veut une aussi bonne justice que pour les gros ; ce n'est pas, en effet, le taux, mais bien la nature de l'action qui en rend le jugement plus difficile.

»Et quoi de plus facile à apprécier et à juger qu'une action personnelle et mobilière, qui tend le plus souvent au paiement de sommes dues pour prêts ou pour des causes simples».

La situation des tribunaux d'arrondissement ne paraît pas sérieusement menacée.

Dans la totalité des affaires qui leur sont soumises, il s'en trouve le 44 o/o qui sont des affaires dites sommaires.

Ce sont celles-ci qui, en partie, vont venir aux juges de paix, mais ils ne les auront pas toutes. Continueront à être exclus de leur prétoire les incidents de saisie immobilière, les contestations sur ordres, sur contributions, les demandes de pension alimentaire excédant 600 fr., etc.

Les tribunaux de première instance perdront environ le 1/3 de leurs affaires. La plupart pourront supporter cette diminution.

Le juge de paix étant avant tout un conciliateur et son influence bienfaisante ayant eu jusqu'à ce jour pour conséquence d'éteindre plus des 2/3 des affaires, il y a tout lieu de croire que cette influence, grandissant avec les nouveaux pouvoirs qui lui seront conférés, s'exercera tout aussi heureusement que dans le passé.

Si la moitié seulement des affaires de 200 à 1.500 fr. qui vont être soumises au juge de paix sont arrangées avant tout débat, et si la proportion des appels pour le surplus, au lieu d'être du 5 o/o, monte jusqu'au 10 o/o, il n'en reste pas moins établi que sur 100 affaires actuellement portées devant les tribunaux civils, 95 seront ou terminées à l'amiable, ou jugées sans frais appréciables, en vertu de décisions définitives acceptées par les plaideurs.

Le rapporteur n'est pas d'avis d'accorder compétence aux juges de paix en matière commerciale et en matière immobilière. Il repousse cette dernière proposée par le Gouvernement et par M. Dupuy-Dutemps, de la manière suivante :

Pour déterminer cette compétence, le projet du Gouvernement part de ce principe que, quand il s'est agi d'attribuer compétence en dernier ressort aux tribunaux civils pour les affaires immobilières, on a trouvé une base. En effet, la loi de 1790 avait déclaré que cette base serait représentée par 50 fr. de revenu, déterminé soit en rente, soit par le prix du bail, et la loi du 11 avril 1838 a élevé ce chiffre à 60 fr. C'est ce chiffre et cette évaluation que prend le Gouvernement pour fixer la compétence des juges de paix en matière immobilière.

La proposition Dupuy-Dutemps demande la base au cadastre et décide que, «quand il s'agira d'action immobilière, le juge de paix sera compétent jusqu'à 40 fr. de revenu, déterminé par le principal de la contribution foncière de l'année courante, multiplié par 5».

Les auteurs du projet et de la proposition veulent faire trancher sans frais, par le juge du lieu, des procès immobiliers de minime importance souvent interminables devant les tribunaux et qui nécessitent des expertises coûteuses.

Tout cela est fort désirable, mais deux objections se présentent :

1° Les affaires immobilières ne sont pas toujours d'une solution simple et elles soulèvent parfois des questions de servitude, de privilège d'hypothèque, difficiles à apprécier pour ceux qui ne sont pas familiarisés avec l'étude ou la pratique du droit ;

2° La valeur des actions immobilières est indéterminable.

Sans doute, les lois de 1790 et de 1838 l'ont déterminée, mais l'expérience a démontré que les bases auxquelles ces lois s'étaient arrêtées étaient illusoires et n'avaient jamais empêché un litige immobilier de franchir le premier degré de juridiction.

Comment, en effet, établir la valeur d'un semblable procès, si les propriétés ne sont pas louées, si la difficulté porte sur une parcelle, un démembrement de ces propriétés?

Comment, d'autre part, un bail passé entre un propriétaire et son locataire peut-il être opposable à un voisin, à un tiers ?

Toute action immobilière, si elle était soumise au juge de paix dans les conditions prévues au projet du Gouvernement, donnerait lieu à un procès sur la compétence ou à une expertise. Dès lors, où serait l'économie de frais et de temps?

La base proposée par M. Dupuy-Dutemps est tout aussi incertaine.

Le cadastre a fixé immuablement le revenu de chaque propriété ; mais les propriétés se sont transformées et l'impôt foncier est devenu, par suite, injuste. Dans la majorité des communes, le cadastre doit être refait. Qu'on aille donc établir une réforme sur un document aussi imparfait !

La proposition Million voulait la réunion de plusieurs cantons et le projet du Gouvernement admettait qu'on pouvait charger des fonctions de juge de paix un des juges du tribunal. La commission repousse ces deux propositions.

1° La loi veut fortifier la magistrature cantonale et en étendre les attributions.

Le but de l'Assemblée Constituante était non seulement d'assurer aux petits litiges une justice rapide et de mettre le juge à la portée des justiciables, mais surtout de doter chaque canton d'un magistrat paternel, familial, dont la porte serait constamment ouverte à tous les besoins, qui se ferait le conseil plutôt que le juge des habitants du canton au milieu duquel il vivrait, et qui, tout aussi bien dans des causeries intimes qu'au prétoire, chercherait à prévenir les différends ou à les éteindre.

Les nombreuses attributions des juges de paix les mettent en contact permanent avec les justiciables et ils arrivent à concilier, tous les ans, par centaines de milliers les petites affaires (1).

Si on réunit plusieurs cantons en un seul, on défait l'œuvre de la Constituante. Le juge n'aura pas dans le canton qu'il n'habitera pas cette influence bienfaisante, but et essence de ses fonctions. On ne le connaîtra pas assez pour venir lui confier ses affaires. On touche à l'unité cantonale.

Le service de la justice n'y gagnera rien. Les mille attributions dont le juge de paix est chargé nécessiteront des déplacements plus nombreux ; de là, plus grande perte de temps

---

(1) 570, 767 en 1890.

par l'augmentation des distances et, par suite, difficulté de
tenir les audiences et lenteur dans les petits procès.

Les suppléants n'accepteront plus les fonctions s'ils sont
trop occupés.

L'économie réalisée ne sera pas très grande, car il faudra
indemniser le juge pour ses déplacements.

2° Quant au juge chargé d'un double service, il ne pourra
connaître en appel des affaires sur lesquelles il aura statué
comme juge de paix ; le tribunal ne pourra pas toujours se
composer, et pour parer à cet inconvénient on en arrivera à
demander l'augmentation des membres de ce tribunal.

Il existe, en outre, un certain illogisme à proposer au moment de la confection d'une loi, qui, si elle est faite en faveur
des justiciables, l'est aussi en faveur des juges de paix, des
mesures nuisibles à ceux-là même qu'on veut favoriser, puisqu'elles entraveront nécessairement leur carrière, et cela pour
rendre moins urgente la suppression de certains tribunaux
inoccupés.

6° *Projet du Gouvernement (1894)*

M. le Garde des Sceaux, Ant. Dubost, a déposé, le 6 mars
1894, un projet conforme aux tendances des précédents. En
voici les lignes principales :

Le recrutement des juges de paix se fera exclusivement
parmi les licenciés en droit ou anciens officiers ministériels.

La fonction devient un des premiers échelons de la magistrature, le juge de paix pouvant être nommé juge au tribunal
civil.

Les juges des tribunaux d'arrondissement peuvent être délégués dans les fonctions de juge de paix.

La compétence est élevée à 300 fr. en dernier ressort et
1500 fr. à charge d'appel.

Les juges de paix connaîtront des demandes en validité de

saisies-arrêts lorsque les causes de la créance rentreront dans les limites de leur compétence.

Ils connaîtront de l'exécution de leurs jugements et statueront par voie de référé sur les incidents de cette exécution.

Le traitement des diverses classes sera élevé.

La Chambre des Députés, dans la séance du 21 mars 1896, a voté le projet de loi relatif aux audiences foraines.

Le Sénat, dans les séances du 17 novembre et du 4 décembre 1896, a discuté la proposition de M. Jules Godin et voté l'extension de la compétence des juges de paix à 300 fr. en dernier ressort et 600 fr. en premier, en matière d'actions personnelles et mobilières.

Il a rejeté l'amendement Bérenger, relatif aux capacités à exiger des candidats et à leur indépendance.

CONCLUSIONS

Tous les projets que nous avons analysés voient, dans l'extension de la compétence des juges de paix, le moyen de rendre la justice moins coûteuse, plus dégagée de formalités et facilement abordable aux petits intérêts. .

M. Ferdinand Dreyfus disait : « Tout le monde est d'accord pour reconnaître qu'en présence du morcellement de la propriété et de la division de la fortune mobilière, il importe de développer cette magistrature familière et vraiment démocratique, qui se caractérise par la simplicité de la procédure, la modicité des frais et la rapidité de la décision.»

Et M. Goblet : « Quel doit être le but d'un Gouvernement républicain en matière de réforme judiciaire? C'est, suivant l'exposé des motifs, d'ouvrir à tous les citoyens l'accès d'une justice économique, prompte et rapprochée. Le moyen, c'est la réorganisation des justices de paix.»

C'était le but de l'Assemblée Constituante, c'est aussi vers ce but que tendait le législateur en étendant la compétence des juges de paix par les lois nouvelles que nous avons étudiées.

Chacune de ces lois, postérieures à 1838, a réalisé une partie de cette réforme demandée par tant de projets et toujours ajournée. En Algérie et dans quelques-unes de nos colonies, la création des justices de paix à compétence étendue n'a pas rencontré de si nombreux obstacles et elle a produit de très bons résultats. Le décret du 19 août 1854 accorde aux juges de paix la connaissance :

1° Des actions personnelles et mobilières en matière civile et commerciale, en dernier ressort jusqu'à 500 fr. et en premier jusqu'à 1000 fr.;

2° Des délits correctionnels n'emportant pas une peine supérieure à celle de 6 mois d'emprisonnement ou de 500 fr. d'amende ;

3° Les fonctions du président des tribunaux de première instance, comme juge de référé.

C'est là l'extension demandée par la plupart des projets.

Dans les lois sur les saisies-arrêts des gages et salaires, sur les habitations à bon marché, sur les chemins vicinaux, sur les chemins ruraux et les sentiers d'exploitation, les formes de la procédure sont simplifiées et la justice, partant, moins coûteuse.

Le juge de paix est compétent pour statuer sur la validité de la saisie et procéder à la distribution des deniers ; dès lors, les formalités, moins nombreuses, n'absorbent pas la presque totalité des deniers saisis, comme dans le Code de Procédure. Le partage d'une succession, à laquelle sont appelés des mineurs, est soumis par le Code à une procédure très longue et très coûteuse ; le partage d'une habitation à bon marché, fait par le juge de paix, est presque gratuit et d'une grande simplicité. Le petit jury occasionne moins de frais et offre autant de garantie que la procédure ordinaire des expropriations.

Certaines affaires de peu d'importance demandent une solution rapide. Pour ces motifs, le juge de paix est compétent pour statuer sur les difficultés relatives aux indemnités dues en cas de réquisitions militaires, pour nommer les experts, lorsque le propriétaire d'un animal acheté dans une foire découvre, dans les neuf jours, des vices rédhibitoires. Portées devant le tribunal du canton, les contestations électorales sont jugées rapidement et sans frais. S'il s'élève une contestation sur les conditions des funérailles, elle est jugée dans le jour, à la requête de la partie la plus diligente, par le juge de paix du lieu du décès.

C'est pour rapprocher autant que possible le juge des justiciables que presque toutes les lois relatives à l'agriculture accordent compétence au juge de paix. Il connaît, en effet, la situation des lieux, personne ne peut se rendre un compte plus exact des dégâts occasionnés par les travaux de drainage, par le passage des troupes sur les récoltes. Habitué à vivre au milieu des habitants de la campagne, il fixera à leur juste valeur les indemnités demandées pour les récoltes détruites en vue d'arrêter et de prévenir la propagation du phylloxera et du doryphora. Les infractions aux lois sur la protection des animaux, la police du roulage, sur l'emploi de l'alcoomètre Gay-Lussac, la police des cafés et cabarets, les réunions publiques, sont de peu d'importance et doivent être jugées par le tribunal le plus rapproché, le tribunal du canton.

Tels sont, grâce aux lois postérieures à 1838, les bienfaits rendus par la justice de paix. Et cependant la réforme n'est pas complète, il faut l'achever : 1° en faisant aux juges de paix une situation plus indépendante par l'inamovibilité; plus respectée, en exigeant des candidats des connaissances juridiques et en augmentant leur traitement;

2° En étendant leur compétence, tout en leur conservant le caractère de conciliateurs.

Depuis 1790, la situation du juge de paix n'a pas sensiblement changé. Révocable au gré du Pouvoir, son avancement dépend, le plus souvent, de ses opinions politiques. Il n'a pas l'indépendance du juge du tribunal de première instance. «Tout juge, cependant, dit M. Berriat Saint-Prix, a besoin d'indépendance. Sa mission est de dire, après avoir formé sa conviction, si le fait qui sert de base à la prétention des parties est vrai et si cette prétention est légitime. Mais sans sécurité, pas d'impartialité ; le magistrat qui croit de perdre sa place, ou de n'en pas obtenir une meilleure, trahira plus d'une fois, peut-être, la vérité et la justice. Cette idée est vraie, quelque exigu que soit l'objet litigieux.» La Charte de 1814 proposait l'inamovibilité. M. Clausel de Coussergues la combattit. D'après lui : «ces magistrats jugent sans assesseurs, ils ont dans leurs mains toute la population des campagnes ; il y aurait, dès lors, danger pour les justiciables, comme pour le Gouvernement, à ne pas donner au roi le droit de destituer les titulaires notoirement incapables ou en hostilité ouverte avec la royauté.»

On a dit aussi (1) : «Les juges de paix sont les auxiliaires du parquet, ils ne peuvent pas être inamovibles et les affaires dont ils connaissent sont d'une si faible importance qu'on ne peut les soupçonner de partialité.»

Sans aller jusqu'à demander pour ces magistrats l'inamovibilité, nous adopterions les propositions défendues par M. Bérenger devant le Sénat, le 4 décembre 1896 : «Ce que je demande, disait-il, c'est d'établir au profit du juge de paix, — je devrais dire au profit des justiciables, qui ont un tel besoin de compter sur son indépendance,— d'établir, dis-je, la possibilité de se défendre contre les influences et les attaques auxquelles il a souvent à résister. Il est à peu près sans défense. Ce que je demande, c'est que désormais il faut que le juge de paix ne puisse pas être révoqué ou disgracié sans avoir

---

(1) Voir le rapport de M. Labussière.

été admis à présenter sa défense devant le tribunal de première instance, réuni en chambre du conseil.» Ce n'est que le droit de défense contre les attaques injustes.

Leur influence sur les habitants du canton va sans cesse en diminuant. Leur manque de savoir en est cause. Le juge instruit se hâte de chercher ailleurs une situation plus lucrative. Ceux qui restent dans le canton n'ont, le plus souvent, aucune connaissance juridique (sur 2,800 juges de paix, 600 seulement sont licenciés), et cependant, pour remplir leurs nombreuses attributions, il ne suffit pas d'être homme de bien, il faut être également jurisconsulte. Le prestige que donne la science leur fait défaut et leur faible traitement ne leur permet pas de tenir, parmi les fonctionnaires de la petite ville, un rang honorable.

Pour attirer dans le canton les juges instruits et habitués aux affaires, il faut, de toute nécessité, élever leur traitement, leur permettre l'accès des tribunaux de première instance et surtout exiger des candidats le grade de licencié en droit. Tout se tient dans cette réforme. Elle ne tarderait pas à crouler faute de bases solides.

A quoi servirait, en effet, d'étendre la compétence si on n'avait pas de bons juges? Mieux vaudrait avoir de mauvaises lois et de bons juges que de bonnes lois et de mauvais juges. L'exemple de l'Angleterre le prouve. Avant d'étendre leur compétence, les autres nations de l'Europe se sont préoccupées de la situation et du savoir des juges. En Italie, en Autriche, en Russie, en Allemagne, les candidats doivent faire preuve de connaissances juridiques sérieuses ; leur traitement est plus élevé qu'en France ; le juge de paix de Russie et d'Allemagne est autant payé que le juge des tribunaux supérieurs. Pour retenir dans les baillages les hommes instruits et avoir une bonne justice, il n'y a pas de différence, en Allemagne, entre le juge de baillage et le juge des tribunaux régionaux.

On comprend qu'avec de telles garanties, les pays voisins aient étendu la compétence des juges de paix. Partout, elle est plus étendue qu'en France. Il faut les imiter et faire du juge d'exception un juge de droit commun en lui attribuant plénitude de juridiction.

Les projets Cazot et Martin-Feuillée le demandent et, depuis 1838, le législateur semble s'être engagé dans cette voie en augmentant sans cesse les attributions des juges de paix On a combattu cette réforme en s'appuyant sur l'insuffisance de savoir de ces magistrats et sur la disparition de certains tribunaux de première instance, déjà peu occupés. Il est facile de renverser ces arguments. Nous avons proposé, comme base de l'organisation nouvelle, d'exiger des futurs juges de paix des garanties sérieuses de savoir. En outre, si la crainte de voir supprimer certains tribunaux arrête la réforme, il faut convenir que la justice est faite pour les juges et non pour les justiciables ; les intérêts des petites villes et ceux des avoués sont sans doute respectables, mais ceux du peuple doivent leur être préférés.

On prétend aussi, et cet argument paraît presque irréfutable, qu'on ne peut pas accorder au juge de paix plénitude de juridiction, parce que le magistrat cantonal juge toujours seul, alors que la justice est rendue, dans les tribunaux d'arrondissement, par plusieurs juges. La pluralité de juges, dit-on, a toujours été réputée chez nous une garantie très efficace de bonne justice : le délibéré qui précède le jugement provoque des objections, éclaire les esprits et dégage les consciences ; un juge peut être frappé d'une circonstance importante qui avait échappé à l'attention d'un autre ; enfin, il est vraisemblable qu'à capacité égale plusieurs magistrats jugeront mieux qu'un seul, et, même entre magistrats d'inégale valeur, la vérité a plus de chances de triompher, car il arrive aux plus forts de se tromper:

A Rome, certains procès étaient portés devant les recuperatores ou les centumvirs. En France, les tribunaux des rachimbourgs et des échevins étaient composés de plusieurs juges et le jugement des pairs était de l'essence de la justice féodale.

Nous ne serions pas de cet avis.

La pluralité de juges n'offre pas de garantie plus grande que l'unité. Dans les tribunaux de première instance, l'avis du président devient fatalement prépondérant. Le juge le plus instruit finit par imposer presque toujours son opinion. En outre, la responsabilité diminue à mesure qu'elle se divise, et s'il était rigoureusement exact de dire que trois juges jugeront mieux qu'un seul, il faudrait multiplier à l'infini le nombre des juges statuant sur une affaire.

Le juge unique a le sentiment de sa responsabilité ; les motifs qu'il doit donner de sa décision l'obligent à une étude sérieuse de la cause.

A Rome (1), le judex était généralement seul ; il en fut de même au bas Empire, où le juge se confondit avec le magistrat. L'Angleterre n'a pas nos défiances à l'endroit du juge unique. Les Cours de comté n'ont qu'un seul juge et, en vertu d'un bill de 1876, toute affaire portée devant la haute Cour doit être soumise, autant que possible, à un seul juge. Aux États-Unis, les Cours fédérales de circuit siègent quelquefois à un seul juge ; les Cours de district établies dans le Massachusets en 1874, les Cours supérieures de comté, créées en Géorgie par la Constitution de 1877, n'ont aussi qu'un seul juge. Le juge unique a existé à Genève de 1846 à 1876 et,

---

(1) Gaïus. — Comm., IV, § 104 et 105.

aujourd'hui encore, d'après la loi du 3 mai 1876, les jugements par défaut et ceux qui condamnent le défendeur sur
son aveu peuvent être rendus par un seul juge (1).

Et d'ailleurs, qu'y a-t-il à craindre, puisque les jugements
rendus par le juge unique viendront en appel devant le tribunal de première instance? Au Portugal, au Pérou et au
Mexique, l'unité de juge existe au premier degré, la pluralité en appel (2).

En matière personnelle et mobilière, leur compétence sera
portée à 500 fr. en dernier ressort et à 1500 fr. à charge
d'appel. Nous avons vu pour quelles raisons tous les projets
la demandent.

Comme MM. Cazot, Martin-Feuillée, Goblet et Parent, nous
étendrons aussi leur compétence aux actions immobilières.

Il faut également leur accorder compétence, dans les mêmes
limites, pour les affaires commerciales.

MM. Cluseret et Michelin ont déposé dernièrement sur les
bureaux de la Chambre (3) une proposition de loi ayant pour
but la création de tribunaux cantonaux d'agriculture, dont les
juges seraient des agriculteurs élus. Sans adopter entièrement cette proposition, il serait peut-être avantageux d'adjoindre au juge de paix, jugeant en matière agricole et commerciale, deux agriculteurs ou deux commerçants. La Commission consultative a proposé ce système en Tunisie pour
les tribunaux de commerce. L'Allemagne l'a appliqué aux
tribunaux du premier degré de juridiction, et peu s'en est
fallu que l'organisation des juridictions pénales de l'Empire
ne se bornât à trois classes, trois échelons de tribunaux d'éche-

---

(1) Annuaire de législation étrangère, années 1876, 1877, 1878. — Bulletin de
législation comparée, 1873, 1875, 1876 et 1877.

(2) L'expert nommé pour trancher un différend n'est-il pas un juge unique ?

(3) *Officiel*, p. 170, annexe 2214, année 1897.

vins, destinés à juger les menues infractions, les délits et les crimes.

Presque tous les projets de réforme demandent l'extension de la compétence des juges de paix à certaines contraventions correctionnelles. C'est aussi notre avis, à condition d'établir au canton, à côté du tribunal de paix, composé du juge unique, le tribunal des échevins en matière pénale.

Cette idée est très ancienne en France. Le 17 juillet 1791, la Constituante l'avait remis au jour en promulguant une loi ainsi conçue : « Le tribunal de police correctionnelle sera composé d'un juge de paix et de deux assesseurs. »

Pendant qu'on rejetait comme d'étranges nouveautés l'échevinage défendu par quelques membres de notre Parlement, l'Allemagne l'adoptait dans le but d'avoir une justice plus éclairée, un jugement mieux respecté, un peuple moralisé.

On nous objectera sans doute que l'ancienne justice a fait ses preuves. Personne ne peut évaluer plus exactement la peine qu'un juge instruit et impartial. Les échevins, au contraire, partagent les ignorances, les préjugés et les passions du peuple. La crainte des rancunes et des vengeances énervera la répression et arrêtera la justice.

Le respect du jugement? Ce n'est pas la forme de la justice et la composition du tribunal qui éloignent le sentiment public de l'accusation : c'est la compassion pour le malheur, même mérité, et l'opposition au pouvoir.

Il ne faut pas non plus compter sur la moralisation. Les tribunaux doivent juger et non moraliser : le jury n'a pas produit ces résultats.

Avec les partisans de l'échevinage nous répondrons : «Les citoyens doivent prendre part à l'exercice de la justice pénale, c'est un droit pour les citoyens, c'est une garantie pour les accusés.

Le citoyen ne doit pas être cantonné dans la question de fait, tandis que le droit doit être réservé aux juges. Les inconvénients rencontrés dans les Cours d'assises le prouvent. Mis en présence, juges et échevins apportent en commun leurs qualités ; le juge : la science du droit, la position exacte et rigoureuse de la question ; l'échevin : l'expérience de la vie, la connaissance des lieux et des mœurs, l'appréciation humaine des circonstances, l'évaluation exacte de la peine méritée.

La justice n'est bonne que si elle est respectée. Le juge paraît suspect, on l'accuse de dureté, on met en doute son indépendance et son impartialité. La justice des échevins est une émanation du peuple, le peuple la connaît, il la respecte, il a foi en elle, et l'opinion publique, comme l'accusé, s'incline facilement devant les jugements qu'elle rend.

Les échevins sont, dans le pays, un élément puissant de moralisation. Dans le duché d'Oldenburg, les délits ont diminué. Appelé à rendre la justice, devenant à un jour donné le défenseur de l'ordre public, l'échevin apprend à connaître et à respecter la loi, la repression ne lui apparaît plus comme une vengeance, mais comme un devoir, et il répand autour de lui ces idées.

Depuis vingt ans que l'échevinage fonctionne en Allemagne, M. Cruppi nous assure qu'il a produit d'excellents résultats, parfaitement probants (1). Le nombre de délits soumis à ces tribunaux augmente ; les criminalistes allemands déclarent que l'échevin est préférable au juré et que les juridictions d'échevins fonctionnent bien mieux que les Cours d'assises. Un projet de réforme de la procédure criminelle dont le Reichstag est actuellement saisi confère aux tribunaux d'échevins une extension considérable.

---

(1) Revue des Deux-Mondes du 1er juillet 1897.

M. Süpfle, président à Heidelberg, qui depuis 30 ans dirige les tribunaux d'échevins, fait remarquer qu'ils participent au jugement de l'affaire réellement et utilement, particulièrement à l'attribution des peines. — Les rapports des échevins avec le juge sont respectueux et sincères ; — la fusion des deux magistratures est strictement menée à bout ; — les échevins acceptent la charge volontiers et avec zèle ; l'éducation judiciaire du peuple est évidente. — La juridiction est populaire, on l'apprécie tellement que son introduction ou extension aux affaires de second et de premier ordre n'est qu'une question de temps ; — les indications de droit données par le juge trouvent un sol fertile ; — devant les échevins, chaque procès peut être jugé immédiatement et par suite les témoins ont les faits présents à la mémoire, et la détention préventive est diminuée.

Dans nos Colonies et en Tunisie, ce système a produit d'excellents résultats. Les assesseurs des tribunaux correctionnels de Tunis connaissent de la question de fait et de droit ; ceux de Pondichéry ne statuent que sur la culpabilité ; mais on tend à appliquer l'échevinage de la façon la plus libérale au Sénégal, à la Guyane, à Hanoï et à Haïphong (1).

Nos colonies font ainsi l'essai du jury correctionnel ; on pourra plus tard l'établir dans la métropole, lorsqu'il aura produit des résultats plus probants.

Pour rapprocher encore davantage le juge du justiciable, le juge de paix et le tribunal des échevins tiendront des audiences foraines. On pourrait aussi réunir deux cantons. Sans doute, les attributions des juges de paix sont nombreuses, mais un seul juge pourra suffire au service de deux cantons ; il n'ira pas, quand bon lui semble, dans telle ou telle ville

----

(1) De Pougnadoresse.— La Justice française en Tunisie, pag. 10.

pour y rendre la justice le jour qu'il lui plaira ; les jours et les villes seront fixés par la loi et, par suite, on saura toujours où le prendre lorsqu'on aura besoin de ses services. Le juge ambulant ne perdra rien de son prestige et les audiences foraines éviteront aux justiciables des pertes de temps considérables.

Le rapporteur du projet de loi sur les audiences foraines faisait encore remarquer que souvent certains centres importants sont éloignés du chef-lieu du canton et certaines localités plus importantes que le canton. Il fallait pour ces agglomérations une justice plus prompte et moins onéreuse.

Les juges ambulants existent en Angleterre. Cette institution produit d'excellents résultats.

Tout en accordant au juge de paix plénitude de juridiction, il faut lui conserver le caractère de conciliateur.

Les projets Million et Dupuy-Dutemps le proposent. Le législateur, en étendant, par les lois postérieures à 1838, la compétence des juges de paix, a augmenté le nombre des affaires soumises à la conciliation. Elle a rencontré peu de critiques ; c'est ce qui prouve son utilité. L'Assemblée Constituante prévoyait les services immenses que la conciliation devait rendre aux justiciables, et certains de ses membres ne voulaient pas accorder au juge de paix la compétence contentieuse, mais seulement le rôle de conciliateur et d'arbitre. Depuis cette époque, la conciliation n'a pas cessé de produire de bons résultats. En 1885, sur 921.534 affaires, 570.767 ont été conciliées, c'est-à-dire le 62 p. 100. Que de frais évités ! Avec des juges de paix plus instruits, la conciliation serait peut-être plus efficace. C'est sans doute le vœu des auteurs de la loi sur l'arbitrage entre patrons et ouvriers. L'homme dont les lumières et le bon sens arrêteraient les coalisations aurait bien mérité de l'humanité.

Cette tendance à arrêter les conflits par la conciliation se manifeste également dans les statuts de certains syndicats agricoles.

Plusieurs règlements stipulent que les contestations entre syndiqués seront d'abord soumises aux membres du bureau avant d'être déférées aux tribunaux de droit commun.

Vu : *Le Président de la Thèse*,
L. BARDE.

Vu : *Le Doyen de la Faculté de Droit*,
VIGIÉ.

Vu et permis d'imprimer :
Montpellier, le 6 juillet 1897.
Le Recteur,
J. GÉRARD

TABLE DES MATIÈRES

TROISIÈME PARTIE

Législations étrangères

QUATRIEME PARTIE

Projets de réforme

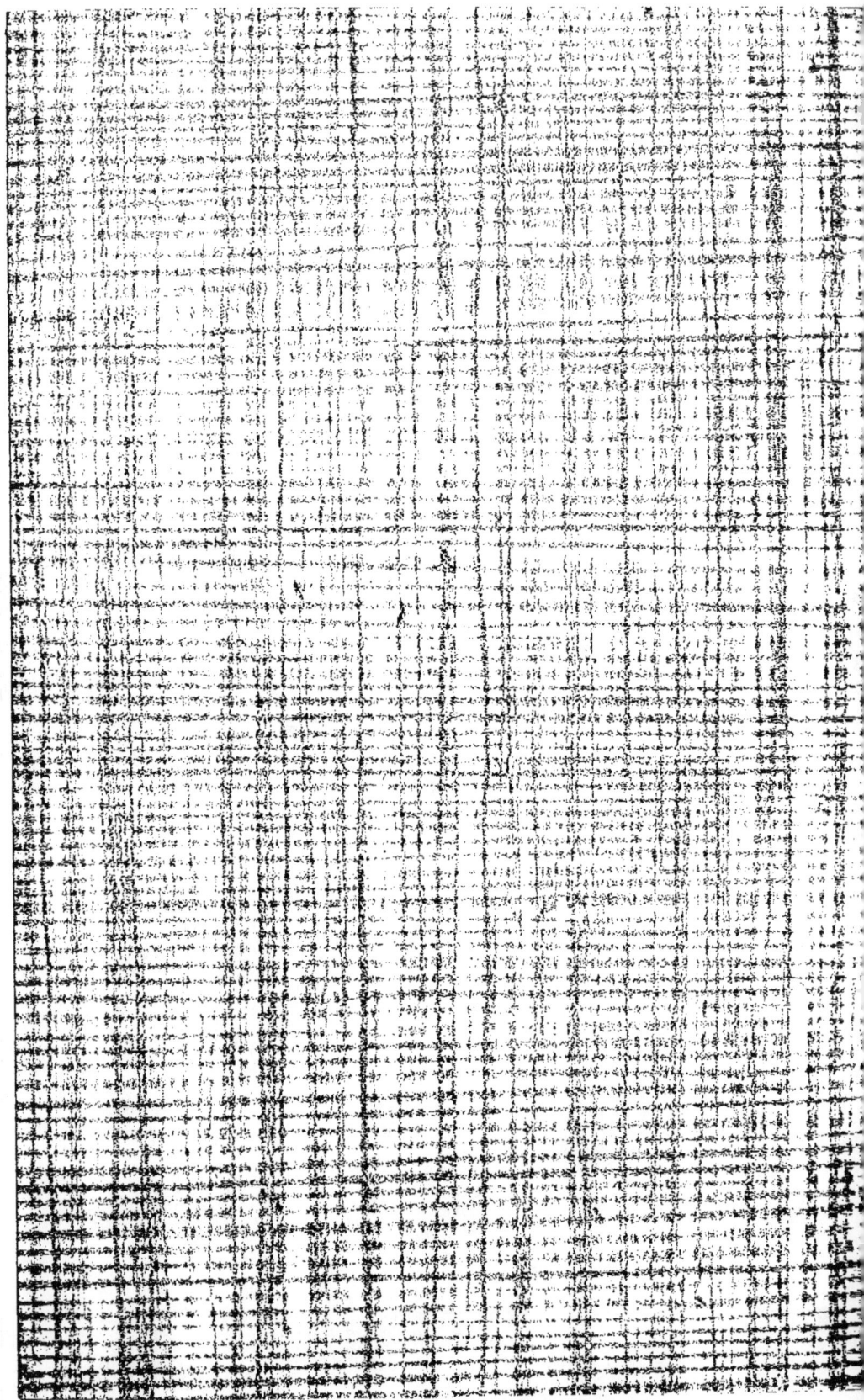

9 782011 305244